Samuel Vožeh

WARUM GIBT ES UNS MENSCHEN?

*Eine mögliche rationale Erklärung
und ein unbequemer persönlicher Weg
zu einer Antwort*

© Samuel Vožeh 2018
2. überarbeitete und erweiterte Ausgabe

Autor: Samuel Vožeh

Umschlaggestaltung: Sara Sidler

Lektorat, Korrektorat: Martin Frischknecht, Urte Knefeli

Verlag: tao.de in J. Kamphausen Verlag und Distribution GmbH, Bielefeld, www.tao.de

ISBN: 978-3-96240-223-5

Herstellung: tredition GmbH, Halenreie 40-44, 22359 Hamburg

Das Werk, einschließlich seiner Teile, ist urheberrechtlich geschützt. Jede kommerzielle Verwertung ist ohne Zustimmung des Verlages und des Autors unzulässig. Dies gilt insbesondere für die elektronische oder sonstige Vervielfältigung, Übersetzung, Verbreitung und sonstige Veröffentlichungen.

*Der Beweis des Lebens ist leben,
der Beweis der Liebe ist lieben.*

Inhaltsverzeichnis

Vorwort 9

Teil I: Die Suche nach Sinn 11

Es könnte sein 13

Der Mensch sucht einen rational fassbaren „Sinn des Ganzen" 19

Ein möglicher „Sinn des Ganzen" 28

Teil II: Der Weg 43

Die gegenstandslose Meditation 45
    Was ist die gegenstandslose Meditation? 47
    Ausübung der gegenstandslosen Meditation 51
    Vier mögliche Perspektiven 61
    1. Erkenne dich selbst 67
    2. Der Mensch lebt vom Sinn 84
    3. Das Gebet im Geist und in der Wahrheit 97
    4. Der Weg des Vertrauens 105

Teil III: Der Weg geht weiter 133

Die Integration der spirituellen Werte im Alltag 135

Anhang 1: Die spirituelle Dimension 151
    Was ist die spirituelle Dimension? 153
    Der spirituelle Weg 159

Anhang 2: Glaube und Wissen 177
    Einleitung 179
    Erfahrung 180
    Glaube 185

Glaube und Erfahrung 193

Ergänzende Informationen 205

Danksagung 206

Einige Internetadressen 208

Anmerkungen 209

Vorwort

Der Autor dieser Texte ist ein gewöhnlicher Mensch. Mit gewöhnlich meine ich, kein Philosoph oder Schriftsteller, auch kein spiritueller Lehrer oder Mönch und auch kein Medium, das mit Engeln oder anderen nicht physisch auf der Erde lebenden Wesen kommuniziert. Ich bin ein Ehemann, Vater von zwei Kindern, pensionierter Arzt, Wissenschaftler und Psychotherapeut. Auch sind die Texte mit ihrem Hauptthema – die spirituelle Dimension unserer Existenz[1] – für gewöhnliche Menschen gedacht: Frauen und Männer, die nicht auf der Suche sind nach spektakulären esoterischen Erfahrungen, heilbringenden Gurus oder von Ausserirdischen erhaltenen Weisungen. Für Menschen, die sich vielmehr ernsthaft die Frage stellen „Warum lebe ich?" und die Verantwortung für ihr Leben übernehmen.

Der Autor

Teil I:

Die Suche nach Sinn

Es könnte sein*

Es könnte sein, jemand hat die Welt erfunden. Das Wissen eines Ingenieurs müsste dieses überirdische Wesen haben; eines Bioingenieurs, weil das Wichtigste (aus meiner Sicht als Mensch), die Existenz von intelligenten Wesen mit einem Bewusstsein, das über sich selbst reflektieren kann, Biologie ist. Ein Genie muss es gewesen sein, mit einem hohen Wissen über die Entstehung von Leben aus der unbelebten Materie. Gleichzeitig aber auch jemand mit Humor, mit schwarzem Humor oder gar Zynismus. Denn wenn jemand so hohes Wissen hatte, um die Welt erschaffen zu können, musste er oder sie auch das Wissen haben von den Leiden, welche sich auf der Welt einstellen würden. Er oder sie musste auch davon Kenntnis haben, dass das intelligenteste Wesen unter denen, die er/sie entstehen lässt, die Absurdität des Ganzen erkennen und keine Möglichkeit haben würde, aus ihr herauszutreten, sie zu überwinden. Warum er oder

---

* Anstelle einer Einleitung beginnt dieses Buch mit einem Auszug aus beinahe 15 Jahre zurückliegenden Tagebuchnotizen. Vielleicht gibt es Leserinnen und Leser, die durch den Text an eigene, ähnliche Vorstellungen über die Entstehung und den Sinn „des Ganzen", in dem wir leben und das wir sind, erinnert werden. Der Autor bittet die Leserinnen und Leser, für die der pointierte Originalton der Tagebucheinträge als überheblich, umständlich oder pietätlos daherkommt, um Nachsicht.

sie das Ganze gemacht hatte? Vielleicht als eine Art Experiment. Ein sehr wichtiges Experiment vielleicht, das für seine oder ihre Existenz entscheidende Resultate liefern sollte. [...]

Es könnte sein, dass die Welt durch Zufall entstanden ist, „by chance", „par hazard". Dann wäre das Leben ein Zufall. Aus einem Nichts durch Zufall geboren, oder aus etwas, was wir noch nicht beschreiben und verstehen können: aus einem Zustand vor dem immer wieder erwähnten Big Bang. Durch Zufall der Big Bang und die Ausdehnung des Weltalls, dann durch Zufall die Galaxien und das Sonnensystem, in dem wir leben, als Zufall die Sonne, als Zufall die Erde, als Zufall die Zusammensetzung der Materie auf der und um die Erde, als Zufall die Temperaturbedingungen, welche die Entstehung des Lebens möglich machten; durch Zufall aus den Elementen organische Moleküle, durch Zufall aus Proteinen und Lipiden kleine Bläschen, die für sich sind, von der Umgebung nur durch eine teilweise durchlässige Haut abgegrenzt, durch Zufall eine Verselbstständigung dieser Bläschen mit Eigenbezogenheit, d. h. eine Erhöhung des Organisationsgrads der eigenen Strukturen im Vergleich zu den und auf Kosten der umgebenden Strukturen, durch Zufall die Fähigkeit, sich zu verdoppeln und vermehren, durch Zufall die Entstehung von höher organisierten Lebewesen bis zu den Menschen, durch Zufall die Entwicklung der Sprache. [...]

Es könnte sein, der Mensch sei selber an seiner Misere schuld. Wie es alle mir bekannten Religionen – und nicht nur die hier in unserem Kulturkreis geltenden judeo-

christlichen – behaupten. Gemäss der Bibel ist der Mensch schuld, weil er die Erkenntnis von Gut und Böse besitzt. Dass er sie erworben hat, soll auch seine Schuld sein, er hat nach dieser Erkenntnis gegriffen. Der Mensch selber glaubt an diese eigene Verschuldung. Er hat immer daran geglaubt, hat sich daran förmlich geklammert, dermassen, dass, als einer kam und behauptete, der Mensch könne von dieser Schuld freigesprochen werden und von dieser bösartigen Erkrankung geheilt werden – einfach durch Glauben an ihn, den Sohn Gottes, durch Glauben, dass er jeden Menschen zum Sohn Gottes machen könne –, dieser durch die Menschen beseitigt wurde. Der Beseitigte hat sie dann doch „überlistet", weil gerade sein Tod dazu führte, dass es Tausende und Millionen gab und gibt, die an diese Geschichte der Erlösung von der Schuld durch den Tod des Gottessohns glauben. [...]

Es könnte sein, das Weltall wurde als ein Lebewesen vom ewig Seienden geschaffen. Als eine Kugel mit einer glatten, nichts enthaltenden Oberfläche. Die Oberfläche oder Grenze dieses Weltalls hat nach Platons Timaios keinen Kontakt mit dem Seienden jenseits dieser Grenze, weil dieses Seiende nichts ist, keine Materie, keine Energie, einfach nichts, immer da und immer gleich. Deshalb ist auch an der Grenze des Weltalls, der Oberfläche dieser Kugel, nicht irgendetwas nötig, was mit der Aussenwelt in Kontakt treten müsste. Die Himmelskörper wurden ins Weltall mit der Schaffung der Zeit, welche sie durch ihre Bewegungen abmessen, hineingesetzt. Die Zeit wurde erschaffen als Abbild der Ewigkeit. Dadurch, dass sie läuft, wird die Ewigkeit materialisiert und für die Ver-

nunft anschaulich. Der Mensch besteht, nach dem Bericht in Timaios, aus einem unsterblichen Teil, der vom ewig Seienden aus dem Rest der Mischung geschaffen wurde, die für die Erschaffung des Lebewesens Weltall *verwendet worden war, und aus einem sterblichen Teil, den die jungen Götter erschufen, die vor dem Menschen durch den ewig Seienden geschaffen worden waren. Gelingt es dem Menschen, während seines Lebens im Körper die angeborenen Gemütsbewegungen (mit Lust und Schmerz verbundene Liebe, Furcht und Erzürnen sowie die diesen entgegengesetzten Gemütsbewegungen) zu beherrschen, kommt er nach dem Tod zurück in ein glückseliges Leben unter dem gleichen Stern. Beherrscht er diese Regungen aber nicht, kann sein Leben nicht als ein gerechtes angesehen werden und er kehrt nach dem Tod in einen Körper zurück, der auf einer tieferen Entwicklungsstufe steht. [...]*

Es könnte sein, dass die Welt, wie die Bibel berichtet, in sechs Tagen erschaffen wurde. Gott schuf vielleicht vor dem Big Bang mit einem „vorbigbanglichen" Informatikwerkzeug die gesamte Information, die für die Evolution des Weltalls und der Erde notwendig war. Für das Erschaffen dieser Information, die im Kosmos enthalten ist, wurden sechs „vorbigbangliche" Tage gebraucht. Nach der Schöpfung musste ein Ruhetag eingeschaltet werden, damit das notwendige Processing durchgeführt werden konnte für die Umsetzung der Information in ein virtuelles System. Diese virtuelle Welt hatte perfekt funktioniert, und sie wird in der Mythologie als der ursprüngliche Idealzustand, wie z. B. das Paradies, beschrieben (gemäss wissenschaftlichen Berichten ist der Zustand vor dem Big Bang durch die dem Menschen heute zugängliche Physik nicht beschreibbar; die einzigen Informationen, die wir darüber finden, sind mythologischer oder religiöser Natur). Nach diesem Erfolg schritt Gott zur Materialisierung der Schöpfung in der Raumzeit. Der Start war der uns bekannte Big Bang. Die materialisierte Schöpfung war alles andere als ideal, aber auch das war bereits in der Information, die Gott vor dem Big Bang schuf, enthalten und damit vorgesehen. Das Ganze läuft jetzt bis zur Erlösung in der Liebe. In der virtuellen Welt brauchte es keine Liebe, weil in ihr alles perfekt funktionierte. Der Endzustand, die Erlösung der Welt, wird wieder Information sein, die raumzeitliche Materie wird verschwinden, im Unterschied zu der „vorbigbanglichen" virtuellen Welt wird aber diese neue, durch die Erlösung aus der Materie entstandene Welt die Liebe enthalten und unaufhörlich weiter entstehen lassen. [...]

Es könnte sein, dass der Mensch aus einer alles umfassenden Gottheit geboren wird, die in ihm weiterlebt und zu der er zurückkehrt, wenn sein Leben auf dieser Welt beendet ist. Sie wird ja durch Jesus in der Bibel im Neuen Testament der Vater, das heisst der Zeuger, genannt. Jeder Mensch ist auf diese Weise ein Stück dieser Gottheit oder hat ein Stückchen davon in seinem Körper als Anlage für sein Sehnen nach spirituellen Erlebnissen und absoluten Wahrheiten. Vielleicht enthält der Ballast an DNS im menschlichen Genom, der wissenschaftlichen Berichten zufolge über 50 Prozent der gesamten im Genom enthaltenen Information ausmacht und dessen

Funktion oder Zweck heute (im April 2004) unbekannt ist, den Code zu diesem Stückchen Gottheit. [...]

19. April 2004

Der Mensch sucht einen rational fassbaren „Sinn des Ganzen"

Unser Verstand hat die Fähigkeit, die Frage zu stellen: Wozu „das Ganze"? Warum? Was ist der Sinn oder Zweck meiner Existenz auf dieser Erde? Der Existenz anderer Menschen und Wesen, der Existenz schliesslich der Erde und des gesamten in seiner Ausdehnung für uns nicht überschaubaren Kosmos?[2]

Der menschliche Verstand kann sich zwar diese Frage nach dem „Sinn des Ganzen" stellen, kann sie paradoxerweise aber nicht beantworten. Das sagen uns auch die Philosophen, die begabtesten Denker unter den Menschen. Gemäss einem der einflussreichsten Philosophen des 20. Jahrhunderts, Bertrand Russell, trennt die Sinnfrage den Bereich des Lebens von den Bereichen, in denen die Philosophie aus ihrer Sicht Antwort zu geben vermag[3]. Wie zu Beginn in dem Text aus den Tagebuchnotizen pointiert zum Ausdruck gebracht, könnten wir beinahe beliebig viele mehr oder minder wahrscheinliche Szenarien für die Erklärung der ersten Ursache der Welt entwerfen[4].

Dementsprechend schreibt auch Ludwig Wittgenstein in seinem berühmten Werk *Tractatus logico-philosophicus*: „Die Lösung des Rätsels des Lebens in Raum und Zeit liegt *ausserhalb* von Raum und Zeit."[5] Das heisst jenseits der Dimension, in der Logik und Verstand gelten. Und Albert Camus, ein anderer einflussreicher Philosoph und Literaturnobelpreisträger, schreibt in seinem Buch *Der Mythos von Sisyphos*, dass mit dem Verstand betrachtet die Welt und unser Leben absurd sind. Auf die existenziell wichtigste Frage des Sinns seiner Existenz erhalte der Mensch keine Antwort.

Es gibt Glaubenssysteme, die einen Sinn verleihen, wie zum Beispiel die Reinkarnations-Idee im Hinduismus oder der Glaube an Himmel und Hölle im Christentum und im Islam. Diese Glaubenssysteme liegen jedoch jenseits des Verstandes. Die Geschichten, auf denen sie beruhen, stellen zwar ein für den Verstand fassbares und logisches Gebäude dar. Sie liegen aber jenseits des Verstandes, weil sie rational durch logisches Denken und objektivierbare Tatsachen nicht begründet werden können. Von vielen aufgeklärten Atheisten und Agnostikern werden sie deshalb als von Menschen in ihrer „Sinnnot" erfundene Geschichten betrachtet.

Eine rationale, auf logischem Denken basierende Suche nach dem Sinn der Welt, in der wir leben, ist zum Scheitern verurteilt. Der Mensch muss die Antwort auf einer anderen Ebene suchen. Und in der Tat finden viele Frauen und Männer einen tiefen Sinn unserer Existenz auf dem spirituellen Weg, im Bereich der persönlichen, direkten Erfahrung. Gemäss Berichten, die bis zum Beginn der Geschichtsschreibung zurückreichen[6], gibt es Ebenen des menschlichen Daseins – namentlich die spirituelle Ebene[7] –, auf denen es Menschen möglich ist, den Sinn ihrer Existenz zu finden.

Aber auch bei denen, welche diese Erfahrung auf einer anderen Ebene gemacht haben, die nicht mehr auf der Suche nach dem Sinn sind, besteht das Bedürfnis, den Sinn der menschlichen Existenz auf der rationalen Ebene zu erklären. Obwohl diese Erfahrung jenseits des Verstandes liegt und durch Worte nicht beschrieben werden kann[8]. Die Sprache ist für die Menschen das wichtigste Kommunikationsmittel, und die Kommunikation mittels Sprache kann nur auf der rationalen Ebene stattfinden. Bertrand Russell schreibt: „Denn es ist unumgänglich, die Vernunft einzuspannen, wenn es gilt, über irgendwelche Dinge etwas auszusagen."[9] Wollen wir über diese Erfahrungen berichten, müssen wir uns auf die rationale Ebene begeben.

Das könnte eine mögliche Erklärung für die Entstehung von Religionslehren sein. Am Anfang stand ein unmittelbares Erleben des Unfassbaren, des Umgreifenden, des Göttlichen. Über dieses Erleben konnte man anderen Menschen allerdings nur berichten, indem man eine Geschichte erzählte; sei es die Geschichte von Mose im Alten Testament, die Geschichte von Krishna in der Bhagavad Gita oder die Geschichte von Jesus in den Evangelien. Die spirituellen Erlebnisse, welche am Anfang standen, führten auch zur Erfahrung eines tiefen Sinns des Ganzen, weshalb diese Geschichten eine Kosmologie, eine Erklärung des Ganzen, enthielten. Sie ist in den verschiedenen Religionen unterschiedlich, da sie auf dem kulturellen und sozialen Hintergrund der Zeit und des Ortes des Entstehens aufgebaut ist.[10]

Wir finden indes diese Versuche, die in Worten nicht kommunizierbare Erfahrung der spirituellen Wirklichkeit als ein rational fassbares ideologisches Gebäude zu präsentieren, nicht nur in der Vergangenheit bei den grossen Religionen. Auch wichtige zeitgenössische spirituelle Lehrer und Gelehrte haben das Bedürfnis, jenes „Ganze", das sich der rationalen Begründung entzieht, in eine rational fassbare Struktur einzubinden.

Ein Beispiel ist das sehr wertvolle und in vieler Hinsicht auch nützliche Konzept der Entwicklung des Bewusstseins im einzelnen Individuum von der Geburt bis zum Erwachsenenalter und analog dazu die Evolution des Bewusstseins der Menschheit als Ganzes im Verlaufe ihrer Geschichte auf dieser Erde. Diese Entwicklung vom archaischen bis zum integralen Bewusstsein wurde von Jean Gebser in seinem grossen Werk *Ursprung und Gegenwart*[11] beschrieben und von Ken Wilber in dessen Kosmologie integriert und instrumentalisiert.[12]

Die Kosmologie von Ken Wilber, der sich nicht als spiritueller Lehrer, sondern als Gelehrter oder Philosoph versteht, erklärt nicht nur den heutigen Zustand der Welt, in der wir leben. Sie macht auch Voraussagen über die weitere Entwicklung hin zu einem integralen Bewusstsein und beschreibt, auf welche Weise diese Entwicklung gefördert werden kann. Sie gibt Empfehlungen für ein Verhalten, das diese Entwicklung positiv beeinflussen soll, und bewertet in dieser Hinsicht die Handlung von politischen Persönlichkeiten. Sie bildet auch die Basis für politisch aktive Gruppen, wie die

Partei „Integrale Politik" in der Schweiz. In diesem Sinn versteht sie sich nicht nur als eine spirituelle Lehre oder eine *mögliche* Kosmologie, sondern als eine Ideologie, die denen, die an sie glauben, die Richtung zeigt, in welche sich die Menschheit bewegt hat und weiterbewegen soll.

Auch wichtige zeitgenössische spirituelle Lehrer versuchen mit Hilfe eines Konzeptes zu erklären, in welcher Epoche sich die Menschheit befindet und wie sie sich im Hinblick auf die spirituelle Dimension heute entwickelt und weiterentwickeln sollte. So finden wir zum Beispiel entsprechende Hinweise in einem Buch des einflussreichen spirituellen Lehrers Eckhart Tolle mit dem vielsagenden Titel *Eine neue Erde*[13]. Einer der bekanntesten spirituellen Lehrer im deutschsprachigen Raum, Willigis Jäger, schreibt in seinem letzten Buch: „Es scheint, dass die Zeit eines kollektiven Erwachens angebrochen ist. Wir stehen an der Schwelle eines neuen Zeitalters, an der Schwelle einer Revolution. Wir entdecken, dass menschliche Wesen mehr sind als diese intellektuell geprägte Gestalt."[14]

Anders als bei einer Ideologie, welche die Bildung von politisch aktiven Organisationen fördert, entspringt das Bedürfnis nach einer erklärenden Theorie bei diesen Lehrern wahrscheinlich in erster Linie dem Wunsch, das Erlebte an andere Menschen weiterzugeben. Sie sind einen Weg gegangen, der sie und viele andere Frauen und Männer zu einem „Erwachen" führte: zur Erfahrung der allumfassenden Liebe und des tiefen Sinns der Existenz als Mensch. Dieses Erlebnis gebiert den Wunsch, alle Menschen mögen an dieser Erfahrung teilhaben. Der Weg dorthin ist allerdings lang und kann durch schwierige Phasen führen. Ihn anzutreten und darauf zu bleiben, bedarf einer starken Motivation. Ist die Information über den Weg und die erlösende Erfahrung in ein kosmologisches Konzept eingebettet, steigt ihre Attraktivität und die Motivation, den Weg zu gehen.

Dieser Wunsch stand als Motivation auch am Anfang des vorliegenden Textes: eine mögliche Geschichte zu erzählen, die einen auf Verstandesebene kommunizierbaren „Sinn des Ganzen" beschreibt. Eine Geschichte, die vielleicht nicht nur Sinn macht, sondern auch motiviert. Eine Geschichte über die Geburt der Liebe auf dem Planeten Erde. Liebe, hier nicht verstanden als eine momentane Verklärung, verbunden mit starken Emotionen, sondern als das Wissen, angenommen zu sein, und als Haltung des Mitgefühls und der bedingungslosen Annahme allen Menschen und Wesen gegenüber.

Ein tiefes spirituelles Erlebnis ist immer mit der Erfahrung dieser Liebe verbunden. Wir finden sie dementsprechend als *den* Kern, der den verschiedenen Religionen gemeinsam ist.

Dies kommt klar zum Ausdruck in einer Aussage des Dalai Lama, die in einem Buch von Michael von Brück, Professor für Religionswissenschaften in München, erwähnt wird: „Da aber Liebe wesentlich für alle Religionen ist, könnten wir von einer universalen Religion der Liebe sprechen."[15]

Larry Rosenberg, ein zeitgenössischer spiritueller Lehrer, schreibt: „Die Stille ist voller Liebe und Mitgefühl."[16] Bei Kabir, einem bekannten indischen Mystiker, lesen wir: „Die Flöte des Unendlichen wird ohne Ende gespielt, und ihr Ton ist Liebe."[17] Und Krishnamurti, einer der bekanntesten spirituellen Lehrer des 20. Jahrhunderts, dem die direkte persönliche Erfahrung in Freiheit von jeglicher Ideologie und Lehre ein grosses Anliegen war, sagt: „There is no silence without love."[18]

Die Liebe wird heute auch aus der Sicht der Psychologie, Soziologie und Philosophie als einer der wichtigsten Werte, die wir kennen, betrachtet. Wir finden sie nicht nur in den Religionslehren und bei den Mystikern, sondern auch bei grossen Philosophen und sozial und politisch engagierten Persönlichkeiten.

Im Hinblick auf die psychische Gesundheit und Integrität der einzelnen Menschen ist sie wahrscheinlich das wichtigste Grundbedürfnis[19].

In seinem Buch *Der Sinn des Lebens* sieht Terry Eagleton in der Liebe die (einzige) Möglichkeit, unser für die Menschenart spezifisches Streben nach eigener Erfüllung als Individuen mit der Tatsache zu versöhnen, dass die Menschen nur als soziale Wesen existieren können.[20] Aus diesem Grunde steht für ihn, nach einer kritischen Auseinandersetzung mit der abendländischen Philosophie von den Griechen bis zu der

Postmoderne, die Liebe an der Spitze der in seinem Buch vorgestellten Kandidaten für ein allen Menschen gemeinsames Ziel und damit auch für den Sinn des Lebens.

Weitere Beispiele sind Aussagen von drei berühmten und einflussreichen Philosophen des letzten Jahrhunderts. Bertrand Russell schrieb mit 84 Jahren den folgenden Text als Prolog zu seiner Autobiographie: „Three passions, simple but overwhelmingly strong, have governed my life: the longing for love, the search for knowledge, and unbearable pity for the suffering of mankind."[21] Bei Albert Camus lesen wir: „Elend und Grösse dieser Welt: Sie bietet keine Wahrheiten, sondern Liebesmöglichkeiten. Es herrscht das Absurde und die Liebe errettet davor."[22] Und Wittgenstein schreibt 1948 in sein Tagebuch: „Das grösste Glück des Menschen ist die Liebe."[23] Es liessen sich Zitate von weiteren bekannten Philosophen hinzufügen, wie z. B. Husserl, Bergson, Jaspers und Marion.

Viele grosse Menschen, die wir bewundern, haben diese Liebe leben und dank ihr das Leiden der Mitmenschen lindern können: Mahatma Gandhi, Martin Luther King, Nelson Mandela, Mutter Theresa und andere.

Wir können Liebe nicht verstehen, nehmen sie aber als eine objektive Tatsache wahr, die für Menschen von existenzieller Bedeutung ist. Auch rational kann sie daher als der höchste Wert betrachtet werden, den wir kennen. Wir könnten sagen, geht der Mensch tief genug in seiner Suche nach Sinn, ist die Endstation Liebe. Das ist der Ausgangspunkt des hier beschriebenen Konzepts für einen möglichen, rational nachvollziehbaren „Sinn des Ganzen".

Ein möglicher „Sinn des Ganzen"

Wir stellen als Menschen fest, dass wir uns heute in diesem Kosmos auf dem Planeten Erde befinden, auf dem viele andere Wesen leben. Auf welche Weise der Kosmos, der uns umgibt, entstanden ist, wissen wir nicht. Die moderne Physik versucht, anhand sehr komplexer Theorien und Modelle die Prozesse zu beschreiben, welche zu der materiellen Welt, in der wir leben, geführt haben[24].

Wenn wir den Kosmos mit den uns heute zur Verfügung stehenden Mitteln betrachten, müssen wir mit Jaspers sagen, dass unsere Existenz gemessen an der Grösse des Weltalls auf einem Staubkorn stattfindet[25]. Als Materie betrachtet, ist unsere Erde und mit ihr auch wir als einzelne Menschen und als Menschheit als Ganzes ein Nichts.

Gibt es einen Sinn, den wir als Menschen mit unserem Verstand begreifen könnten, einen Grund dafür, dass das Leben entstanden ist?

Was ist Leben?

Von aussen betrachtet zeichnen sich Objekte, die wir lebendige Organismen nennen, dadurch aus, dass sie zwischen sich selber und der Umwelt unterscheiden und dass sie sich selber „auf Kosten" der Umgebung bevorzugen. Zur Erhaltung der zum Leben notwendigen Bedingungen innerhalb der eigenen Grenzen werden „Schadstoffe" durch lebende Wesen in die Umgebung ausgeschieden und Nährstoffe aus der Umwelt selektiv aufgenommen. Man könnte auch sagen, dass ein lebendiger Organismus auf dieser materiellen Stufe zwischen „gut" und „böse" unterscheidet: Das, was seinem Leben dient, ist gut, was es bedroht, böse.

Diese Unterscheidung bedeutet aber, dass es durch das lebendige Wesen zu einer Störung des Gleichgewichts in der Umwelt kommt und damit unter Umständen zur Bedrohung anderer Lebewesen. Offensichtlich kommt dies zum Ausdruck bei höheren Tieren[26], welche sich ja von anderen Lebewesen ernähren, seien es Tiere oder Pflanzen, die dabei ihr Leben lassen müssen. Diese Grundeigenschaft aller Lebewesen, sich selber auf Kosten der Umgebung zu bevorzugen, führt dazu, dass die meisten lebendigen Organismen Nahrung für andere Lebewesen sind und dies mit ihrem Leben bezahlen. Das, was wir, die auf der Erde am meisten entwickelten Lebewesen, als Leben bezeichnen, ist daher unentwegt mit einer Bezogenheit auf sich selbst verbunden. Ohne diese Abschottung gegen die Umgebung, ohne diese Bevorzugung seiner selbst auf Kosten der Umgebung – das heisst ohne Kampf und Zerstörung belebter und unbelebter Dinge – könnten Lebewesen, so wie wir sie kennen, nicht existieren.

Das höchste Lebewesen hat die grösste Zerstörungskraft

Wir alle wissen und erfahren – zum Teil sehr schmerzlich –, dass die jedem Lebewesen innewohnende Zerstörungskraft beim Menschen am ausgeprägtesten ist. Dank ihrer Überlegenheit können die Menschen alle anderen Lebensarten entweder mit Erfolg bekämpfen oder sie für sich selbst nutzbar machen. Seine Überlegenheit verdankt der Mensch in erster Linie dem Verstand. Mit seinem Verstand kann er sehr komplexe Zusammenhänge von Ursache und Wirkung erfassen, und dadurch gelingt es ihm, über seine Umwelt Kontrolle auszuüben.

Mit der Funktion des Verstandes, dem Denken eng verknüpft ist das Ich-Bewusstsein der Menschen. Das Ich reproduziert sozusagen auf einer immateriellen, gedanklichen Ebene den Egozentrismus, das „Sich-selbst-Bevorzugen", die wir bei jedem Lebewesen auf der materiellen und Instinkt-Ebene finden. In dieser Dimension sind dem Egozentrismus keine Schranken gesetzt: Wir wollen alles haben und möglichst viel Macht über die Umwelt und unsere Artgenossen ausüben.[27] Diese Egobezogenheit führt zu einem unaufhörlichen, sich stets beschleunigenden Wachstum der Zerstörung der Umwelt und der Gewalt auch gegen eigene Artgenossen.

Der Mensch ist in diesem Egozentrismus wie gefangen. Obwohl wir rational nachvollziehen können, dass sich die Zerstörung letztlich auch gegen uns selbst wendet, können wir diesem Wachstum nicht Halt gebieten. Vielleicht gelingt uns das deshalb nicht, weil unsere Egobezogenheit ihre Wurzeln in dem Grundtrieb hat, der bei jedem lebendigen Organismus vorhanden ist und damit zum Leben an sich gehört: Bevorzugung seiner selbst auf Kosten der Umgebung. Die am höchsten entwickelte Form des Lebens bedeutet somit auch den höchsten Grad an Selbstbezogenheit und damit das grösste Zerstörungspotenzial und die grösste Bedrohung für die Erde und ihre Bewohner.

Bewusstsein, Freiheit und Verantwortung

Wir nehmen uns als Menschen in diesem Kosmos wahr, weil wir über ein Bewusstsein verfügen, das sich selbst reflektieren kann. Nicht nur als einfache Selbstreflexion wie zum Beispiel sich selbst im Spiegel zu erkennen. Die Fähigkeit zur Selbstreflexion geht beim Menschen tiefer.

Wir können über unsere Handlungen reflektieren, über unsere in der Vergangenheit erfolgten oder für die Zukunft geplanten Taten. Wir können sie *beurteilen*, ob ihre Folgen gut oder schlecht sind. Wir nehmen ebenfalls bewusst wahr, ob unsere Handlung im Wissen um ihre Konsequenzen ausgeführt wurde, *beurteilen* dann auch uns selbst und fühlen uns für unsere Taten verantwortlich. Schliesslich können wir dann auch die endgültige Frage stellen: „Wer bin ich?"

Diese Fähigkeit, Dinge – und auch sich selbst – bewusst als Individuum, als Ich, wahrzunehmen, hat einerseits die Folge eines sich stets steigernden Egozentrismus. Sie hat aber auch zur Folge, dass der Mensch auf einer immateriellen, gedanklichen Ebene die Unterscheidung zwischen dem, was gut ist, und dem, was weniger gut oder nicht gut ist, vornehmen und dieses Wissen in seine Handlung einfliessen lassen kann. In seinen Handlungen ist er daher nicht vollständig von den Trieben (z. B. Hunger, Aggression, Sexualtrieb) gesteuert. Der Mensch hat die Freiheit, etwas, was ihm seine Triebe und Instinkte diktieren, auch nicht zu tun. Er kann die Entscheidung zwischen dem, was er tut oder nicht tut, selber treffen.

Die Fähigkeit, Dinge und sich selbst als Individuum bewusst wahrzunehmen, hat auch zur Folge, dass der Mensch mit seiner Umgebung in Beziehung tritt. Als bewusstes Individuum kann er dabei unterschiedliche Haltungen einnehmen. Er kann anderen Lebewesen mit Angst und Aggression als Ausdruck seines durch den Überlebenstrieb getragenen Egozentrismus begegnen. Jeder Mensch kann aber ebenfalls in eine Beziehung treten, in der er dem anderen Mitgefühl und liebevolle Annahme entgegenbringt und sie selber empfängt.

Als bewusste Lebewesen, die in Beziehung mit einem anderen, sich selber bewusst reflektierenden Individuum treten können, nehmen die Menschen auch das Leiden wahr: das Leiden, das die Folge von Zerstörung und Tod und damit notwendigerweise auch die Folge von Leben an sich ist. Wir können bei anderen das Leiden nicht nur wahrnehmen, wir haben auch die Fähigkeit, mitzuleiden, Mitleid zu haben. Wie es der Sänger

Tampa Red in seinem Blues Song mit viel Poesie ausdrückt: „When things go wrong, go wrong with you, it hurts me too." Jeder Mensch, jede Frau und jeder Mann, hat in sich die Fähigkeit angelegt, beim Anblick des Leidens eine Bewegung der Liebe in sich wahrzunehmen.

In jedem Menschen, in jeder Frau und in jedem Mann, ist das Bedürfnis – zumindest als Keim – vorhanden, Liebe zu geben und zu empfangen. Dies nicht nur in Verbindung mit dem Instinkt der Fortpflanzung und der Fürsorge für die Nachkommen, sondern aus der Freiheit des sich selbst reflektierenden Bewusstseins heraus.

Wir sehen also auf der individuellen Ebene, dass einerseits jeder Mensch, jeder Mann und jede Frau, als erwachsene Person ein Ego und einen stark entwickelten Trieb zum Egozentrismus hat. Dass aber andererseits jeder Mensch, jeder Mann und jede Frau, als seiner selbst bewusstes Individuum auch einen Keim hat, aus dem die Liebe wachsen kann.

Auf der Ebene der Entstehung und der Evolution des Lebens auf der Erde können wir als Analogie eine ähnliche Bewegung feststellen. Das Leben, welches Leiden bedeutet – je höher entwickelt, umso mehr Leiden, umso mehr Zerstörungs- und Gewaltpotenzial –, führt zugleich mit der Entstehung des Bewusstseins, der höchsten Entwicklungsstufe, zu der Fähigkeit zu lieben.

Das Erleben und Leben der Liebe, wie sie gemäss der geschichtlichen Überlieferung erstmals von Buddha und Christus als bedingungslose Annahme verkündigt wurde, war nur für Lebewesen möglich, die ein Bewusstsein entwickelt haben, wie wir es beim Menschen kennen[28]. Ohne Entwicklung eines bewussten Ichs müsste Liebe ein Instinkt bleiben. Das bewusste Ich ist auch notwendig, um den Weg anzutreten, der gemäss Christus und Buddha[29] zu dieser Erfahrung führt. Das Bewusstsein ist schliesslich auch eine notwendige Bedingung für die Fähigkeit, diese Liebe als Geschenk zu empfangen und als eine aus der Freiheit erfolgte Handlung zu geben. So wie der Egozentrismus für das Individuum, die Umgebung und die Welt Leiden und Unzufriedenheit bedeutet, spendet die Liebe Glück und Frieden.

Wer diese Liebe erlebt hat, ist ans Ziel des Menschseins gelangt. Diese Männer und Frauen fühlen sich in einem noch nie dagewesenen Masse beschenkt, sie empfinden eine grenzenlose Gnade. Tief in ihrem Inneren wissen sie, ohne es aussprechen oder denken zu müssen, dass sich nach dieser Erfahrung nie mehr die Frage nach dem Sinn ihrer Existenz stellen kann. Ihr Leben ist mit dieser Erfahrung erfüllt. Sie verstehen, warum alle Menschen, welche dies erlebt haben, die Liebe als das höchste Gut schlechthin sehen. Wenn sie weiterleben, dann nur, um durch das Leben der Liebe und durch die Weitergabe der Information über den Weg, der zu diesem Geschenk führt, möglichst vielen Menschen die Erfahrung dieses höchsten Gutes zukommen zu lassen.

Angesichts der Berichte über diese Frauen und Männer, die als lebende Individuen wahrgenommen wurden und werden[30], ist dieses Erleben und Leben der Liebe nicht ein Mythos oder eine Hypothese, sondern eine durch persönliche Erfahrung und durch objektiv überprüfbare Beobachtungen des Verhaltens und der Handlungen dieser Personen, die diese Erfahrung gemacht haben, wahrnehmbare Realität.[31]

Beruhend auf diesen Beobachtungen und auf unseren Kenntnissen über die Entstehung und die Geschichte des Lebens auf dieser Erde kann *ein mögliches* Konzept für den „Sinn des Ganzen" abgeleitet werden. Eine mögliche Erklärung, die auf objektiv wahrnehmbaren Tatsachen beruht und daher auch auf der rationalen Ebene, das heisst auch für die Menschen, welche diese Liebe selbst nicht erfahren haben, „Sinn macht".

Das Konzept

Aus der heutigen Sicht ist die Liebe, dieses höchste Gut schlechthin, am Ende einer langen Evolution[32] auf dieser Erde entstanden. Sie wird auf dieser Welt erlebt und gelebt. Das ist eine mögliche Antwort auf die Frage „Warum gibt es uns Menschen?" Für Frauen und Männer, welche diese Liebe erfahren haben, ist es *die* Antwort. Und für viele, wenn nicht die meisten Menschen ohne diese Erfahrung ist Liebe – bedingungslose Annahme und Mitgefühl – eines der grössten Güter, das sie kennen.

Die Geburt und Existenz der Liebe war auf dieser Welt möglich durch das Entstehen des Lebens und damit auch des Leidens, welches das Leben – von der untersten Entwicklungsstufe an – mit sich bringt.

Ob am Anfang in diesem Prozess, der zur Entstehung des Weltalls und zum Leben auf der Erde geführt hat, die Geburt und das Leben der Liebe auf diesem Planeten als Zweck bereits vorgesehen waren – und wenn ja, in welcher Form und Weise –, das wissen wir nicht.

Wir wissen ebenso nicht, ob der Prozess, der bei den einzelnen Personen zu dieser Geburt führt, eine Einwirkung von für uns materiell nicht wahrnehmbaren Mächten (wie z. B. Gott) oder Energien erfordert, von Kräften, die sich ausserhalb unserer körperlichen Hülle befinden. Es wäre durchaus möglich, dass diese Fähigkeit in jedem Mann und jeder Frau angelegt ist.

Das vorliegende Konzept berührt die Frage der Existenz einer Macht, welche die Entwicklung lenkt, nicht.[33] Es meidet dadurch die Verwendung von auf der rationalen Ebene nicht überprüfbaren Hypothesen. Damit steht es nicht im Widerspruch zu den vielen Geschichten, auf denen die verschiedenen Religionen basieren. Es besagt lediglich, dass hier unser auf dem Verstand beruhendes Wissen zu kurz greift.

Neben der Frage der Existenz eines Gottes, über den wir uns als Menschen ein Bild machen könnten, lässt das hier beschriebene Konzept für einen möglichen „Sinn des Ganzen" auch die Frage der weiteren Entwicklung des Prozesses offen. Für einen „Sinn des Ganzen" genügt es vollauf, dass dieser Prozess zu dem Wunder des Erblühens der in Freiheit gelebten Liebe auf dieser Erde führte. Es sieht nicht die Erfüllung in einer mehr oder weniger fernen Zukunft, sondern jetzt. Heute wird auf dieser Welt die Liebe – das grösste und höchste Gut, das wir als Menschen kennen – geboren: jeden Tag, jede Stunde, jeden Augenblick neu.

Das Offenlassen der Frage der weiteren Evolution bedeutet, dass es sich bei dem beschriebenen Konzept nicht um eine Ideologie handelt. Es gibt demnach auch keine Empfehlungen, wie sich Menschen verhalten sollen, um zu helfen, die Weltgeschichte in eine bestimmte Richtung zu lenken.

Das Konzept beruht auf zwei durch alle Menschen klar wahrnehmbaren Tatsachen:

1. Die Entstehung von Leiden als Bestandteil des Lebens und dessen Vermehrung durch das Ego des Menschen, des am höchsten entwickelten Lebewesens.

2. Die Fähigkeit dieses Lebewesens, die Liebe als das höchste Gut zu erfahren und zu geben, und das fortwährende neue Erblühen dieser Liebe in Frauen und Männern verschiedener Epochen und Kulturen, die sie durch ihr Leben weitertragen.

Das Konzept ist schön, indem es die Verwirklichung des höchsten Gutes schlechthin als den Zweck menschlicher Existenz sieht. Es stellt aber keine Beschönigung der Realität des Lebens auf der Erde dar.

Wie im vorigen Kapitel beschrieben, ist der Beweis, dass ein mögliches Konzept *die* Antwort ist, auf rationaler Ebene nicht möglich. Die Antwort kann nur auf der persönlichen Ebene gefunden werden: durch Erfahrung dieser allumfassenden Liebe. Eine Erfahrung, die nicht auf der rationalen Ebene, durch unseren Verstand vermittelt werden kann.

Wir können indes unseren Verstand gebrauchen, um die Frage zu untersuchen, wie wahrscheinlich es ist, dass dieses Konzept die richtige Antwort auf die Frage „Warum gibt es uns Menschen?" ist. Ähnlich wie in der Pascal'schen Wette[34] können wir den Gewinn und den Verlust abwägen, indem wir diese Antwort als richtig betrachten oder nicht.

Unter der durch die aufgeführten Argumente plausiblen Annahme, dass die Antwort, welche dieses Konzept auf die Frage „Warum" gibt, richtig ist, ergibt sich als der Sinn unserer Existenz auf dieser Erde das Entstehen und Leben der Liebe. Will ein Mensch – eine Frau, ein Mann – den Sinn ihrer oder seiner Existenz auf dieser Welt erfüllen, müsste ihr/sein höchstes Ziel das Erleben und Leben dieser Liebe sein.

Den Überlegungen in der Pascal'schen Wette folgend können wir dann abwägen, was wir verlieren, wenn die Antwort des Konzepts stimmt und wir uns nicht danach verhalten. Oder mit anderen Worten, uns fragen, wie unwahrscheinlich sie sein müsste, damit es sich nicht lohnen würde, danach zu leben.

Das Konzept regt daher vielleicht einzelne Menschen an, einen Weg zu gehen, der zum Erfahren dieses höchsten Gutes und damit auch des „Sinns des Ganzen" führt. So trägt es möglicherweise zu mehr Frieden und weniger Hass in zwischenmenschlichen Beziehungen bei. Die Verhaltensweise der einzelnen Personen und deren Wirkung sind indessen nicht ein Teil des Konzepts. Sie ergeben sich sozusagen von selbst, wenn Menschen diese Erfahrung machen.

Das Konzept leugnet keinesfalls die Geschichte – die Tatsache, dass heute viel mehr Menschen diesen Weg antreten können als vor einigen tausend Jahren. Buddha, Jesus und andere Individuen des Altertums und des Mittelalters können – in Anlehnung an Eckhart Tolle[35] –mit der ersten Erscheinung einer neuen Art blühender Pflanzen verglichen werden zu einer Zeit, in der die Umweltbedingungen deren Entwicklung auf breiter Basis nicht erlaubten. Heute, da weit mehr Menschen sich als individuelle Personen ihrer Existenz und ihrer Freiheit und Verantwortung bewusst sind, steht auch der Weg zu der persönlichen Erfahrung des höchsten und kostbarsten Gutes mehr Menschen offen. Diese Entwicklung ist allerdings nicht ein notwendiger Teil des Konzepts.

Der Autor verhehlt auch nicht den appellierenden Charakter dieses Textes. Er würde die Leser und Leserinnen gern persönlich einladen, den Weg zu gehen, auf dem seit Buddha und Christus unzählige Frauen und Männer diese Liebe gefunden haben. Im Teil II wird ein

Weg zu dieser Erfahrung beschrieben. Vielleicht werden sich einige für ihn entscheiden – im Wissen um das wichtige Privileg der Menschen, die in unserer Zeit leben: das Privileg der Freiheit, zu entscheiden, und der Fähigkeit, sich der Verantwortung bewusst zu sein, die wir als Menschen durch unsere Existenz tragen.

Nach der Lektüre dieses Texts könnten einige einwenden, dass die Ausführungen nichts Neues seien und dass sie der Komplexität der Materie nicht gerecht würden. Es werden Binsenwahrheiten präsentiert; die für uns nicht fassbare Realität der Existenz als Mensch werde in dem dargelegten Konzept im höchsten Masse simplifiziert. Dieser Einwand ist richtig. Er ändert allerdings nichts an der Tatsache, dass das Konzept eine mögliche, rational plausible und sinnstiftende Erklärung der menschlichen Existenz bietet.

Unser Verstand könnte schliesslich den Einwand hervorbringen, ob nicht genau das gleiche Ziel ohne Leiden erreicht werden könnte. Ohne Entwicklung des hier beschriebenen auf sich zentrierten Egos, das ohnehin sterben muss, wenn die Liebe geboren wird. Die Antwort kann nur Schweigen sein. Wir wissen es nicht. Wir können uns nur in Ehrfurcht verneigen vor dem unendlich grossen Leiden der Menschen in dieser Welt.

Zusammenfassung

Die Frage, warum es uns Menschen gibt, kann auf der rationalen Ebene – als eine logische Ableitung aufgrund beobachteter und objektiv verifizierbarer Tatsachen – nicht eindeutig beantwortet werden. Auf der Verstandesebene bleibt die Sinnsuche erfolglos. Demgegenüber stehen authentische Berichte vieler Menschen über spirituelle Erfahrungen, gemäss denen das Leben für diese Person von tiefem Sinn erfüllt war. Diesen Erfahrungen ist eine alles umfassende Liebe gemeinsam; das Wissen, geliebt zu werden, in einer bedingungslosen Liebe aufgehoben zu sein und nicht anders zu können, als die Liebe an alle weiterzugeben. Diese Erfahrung übertrifft alles, was der Mensch bis anhin erfahren hat oder sich vorstellen konnte. Das Leben erhält dadurch einen tiefen Sinn, unabhängig von der Grösse des Leidens, mit dem es verbunden ist oder war. Unter der Annahme, dass es auch rational plausibel ist, die Liebe (die bedingungslose Annahme ohne Besitzanspruch) als das höchste Gut schlechthin anzusehen, wird ein mögliches Konzept für den Sinn „des Ganzen" formuliert. Diese Ausführungen versuchen zu zeigen, dass das Empfangen und Geben der Liebe ein Bewusstsein voraussetzt. Für die Entstehung des Bewusstseins, wie wir es bei Menschen kennen, ist andererseits die Entstehung des Lebens und des Planeten Erde, der es trägt, eine notwendige Bedingung. Daraus ergibt sich eine mögliche Begründung für die Existenz „des Ganzen", die auf objektivierbaren Beobachtungen und rational nachvollziehbaren Argumenten beruht. Unter einer weiteren, aufgrund der Beobachtung auch plausiblen Annahme, dass das Leben ohne Leiden in der Form, wie wir es kennen, nicht möglich wäre, ergibt sich auch ein rational fassbarer Grund für das Leiden. Zudem können wir beobachten, dass Leiden eine Bewegung von Mitgefühl und Zuneigung erzeugt und damit möglicherweise auch direkt zum Erleben und Leben der Liebe beiträgt.

Teil II:

Der Weg

Die gegenstandslose Meditation

Die gegenstandslose Meditation ist nicht *der* Weg, sondern *ein* Weg zur Erfahrung der spirituellen Dimension. Es ist ein schmaler, langer und zeitweise sehr beschwerlicher Weg.

Warum dieser Weg und nicht ein anderer? Die gegenstandslose Meditation ist das Herzstück verschiedener spiritueller Schulen und hat sich während Jahrtausenden bei vielen Menschen als spiritueller Weg bewährt[36]. Sie wurde schon als Anapanasati in der Überlieferung durch Buddha gelehrt[37], sie ist ein wichtiger Teil des Achtsamkeitsyoga[38], wurde von Wüstenvätern praktiziert und wir finden sie in der christlichen Mystik vom Mittelalter[39] bis zur heutigen Zeit[40]. Die Atemachtsamkeit-Meditation, wie in der folgenden Anleitung beschrieben, bildet zudem eine zentrale Übung in den auf Achtsamkeit basierten Psychotherapie-Verfahren[41].

Der entscheidende Grund, warum gerade dieser Weg hier präsentiert wird, ist jedoch ein anderer. Dem Autor ist es wichtig, jenen Weg zu empfehlen, den er aus eigener Erfahrung kennt. Viele, wahrscheinlich alle ernsthaften und authentischen spirituellen Lehrer sind einen sich über viele Jahre erstreckenden, durch schwierige Phasen führenden Weg gegangen, bevor sie die Antwort, die sie suchten, finden durften. Ihre Lehre berichtet bei manchen allerdings nichts von dieser sehr beschwerlichen Reise und lädt die Menschen ein, die

Früchte mit ihnen zu teilen. Als ob es möglich wäre, durch einen Vortrag, einen oder mehrere Kurse oder durch das Lesen eines Buchs an den gleichen Ort zu kommen, ohne selber diese lange Reise unter die Füsse zu nehmen.

Mit dieser Bemerkung möchte der Autor keineswegs den eminent hohen Wert von Kursen und Büchern wichtiger spiritueller Lehrer in Zweifel ziehen. Er möchte damit einzig klar zum Ausdruck bringen, dass er hier einen Weg beschreibt, den er nicht etwa aufgrund seines Wissens entworfen hätte, sondern selber gegangen ist und somit aufgrund eigener Erfahrung anderen empfehlen kann. In diesem Sinn beruhen die Ausführungen in diesem Teil zur Hauptsache auf eigenen Erfahrungen. Der Autor hat diese Erfahrungen im Verlaufe von zehn Jahren in einer Art Schattenexistenz machen dürfen. Diese „Schattenexistenz" fand nebst dem gewöhnlichen Leben statt, wie es jede und jeder kennt – Beruf, Familie, Arbeit, Ferien, Feiern und Trauern. Sie beruhte darauf, dass er jeden Morgen eine bis zwei Stunden und an den meisten Tagen zusätzlich eine Stunde über Mittag der gegenstandslosen Meditation widmete.

Was ist die gegenstandslose Meditation?

Das „Wissen", das durch die gegenstandslose Meditation vermittelt wird, ist unabhängig von einem Konzept oder einer bestimmten Lehre. Es kann auch nicht mit Hilfe von Worten – auf der rationalen Ebene – erworben werden. Es beruht auf der direkten Erfahrung. Seit Beginn der Geschichtsschreibung berichten unzählige Menschen aus verschiedenen Kulturen, Regionen und Religionen über diese Erfahrung.

Die gegenstandslose Meditation ist ein Weg nach innen. Ein Weg zu unserem eigentlichen Wesen als Menschen, das aufgehoben ist in der Liebe. Alle ernsthaften spirituellen Wege treffen sich an diesem Ort. Deshalb heisst es in der bereits im Teil I zitierten Aussage des Dalai Lama: „Da aber Liebe wesentlich für alle Religionen ist, könnten wir von einer universalen Religion der Liebe sprechen."[42]

Es kann anders auch nicht sein. In jedem Menschen gibt es einen Ort, wo Liebe als Ur-Grund erfahren werden kann. Je nach Lehre, Religion und Tradition hat dieser Ort verschiedene Namen erhalten. Bei Laotse ist es die Wu-Chi-Natur,[43] zu der Tai Chi als spiritueller Weg führt, im Buddhismus die Buddha-Natur,[44] im Christentum Christus,[45] der in uns geboren wird und lebt.

In verschiedenen Religionen werden unterschiedliche Wege – Rituale, Lehren, Lebensregeln oder körperliche Übungen – hin zur Erfahrung dieses tragenden Elements beschrieben. Die gegenstandslose oder objektfreie Meditation gehört zu den ältesten und direktesten Wegen. Sie ist von religiösen oder spirituellen Konzepten unabhängig, aber mit ihnen durchaus vereinbar, da sie in verschiedenen Religionen eine lange Tradition hat.

Wie die gegenstandslose Meditation in dieser Anleitung vermittelt wird, ist sie in ihrer Grundform sehr einfach: Der Atem wird bei der Übung als Anker verwendet, um den Geist zu sammeln und zu sich selbst im gegenwärtigen Augenblick, hier und jetzt, zu kommen. Die regelmässige Praxis der gegenstandslosen Meditation ist trotzdem alles andere als mühelos und leicht. Es ist eine lange Reise mit vielen überraschenden und zum Teil nicht angenehmen Entdeckungen über einen selbst. Diese Einsichten zu akzeptieren und auf dem Weg zu bleiben, verlangt Mut und Kraft.

Ist die gegenstandslose Meditation ein *Egotrip* und eine *Flucht vor der Realität*? Von aussen her betrachtet mag der spirituelle Weg der gegenstandslosen Meditation vielleicht nicht anders erscheinen. Wir sind als Menschen ja beinahe ununterbrochen ichbezogen – auf einem „Egotrip". Sei es, um unser Ego zu stärken, sei es, um es zu schützen oder um seinem Begehren zu folgen. Häufig sind uns diese Beweggründe gar nicht bewusst; so zum Beispiel, wenn wir anderen aus dem Bestreben heraus helfen, ein besserer Mensch als die anderen zu sein. In diesem Sinn kann auch die Motivation für die gegenstandslose Meditation dem Wunsch des Ego entspringen, durch einen spirituellen Weg besser und anderen überlegen zu sein, einem Wunsch vielleicht nach Gipfelerfahrungen, durch welche Erleuchtung und Vollkommenheit erreicht werden. Solche Wünsche sind bei jedem und jeder, die diesen Weg gehen, meist auch vorhanden.

Auf dem Weg stellen wir aber fest, dass er zu einem für das Ego überraschenden Resultat führt. Durch die regelmässige Übung der gegenstandslosen Meditation wird unser Ego transparenter, wir erkennen es als das, was es in Wirklichkeit ist: ein Knäuel von Geschichten, Bildern und Emotionen, mit denen wir uns identifizieren. Je klarer wir es sehen, umso mehr löst sich diese Identifikation auf. Die gegenstandslose Meditation könnte in diesem Sinne als „paradoxer Egotrip" bezeichnet werden: Obwohl die Motivation häufig primär von unserem Ego stammt, sägt sich dieses während der Übung sozusagen selbst den Ast ab, auf dem es sitzt.

Eine andere Vorstellung über den Weg der Meditation, die häufig dazu führt, dass sich Menschen darauf nicht einlassen wollen, ist die Meinung, es handle sich um eine *Flucht*. Flieht die meditierende Person nicht vor der Wirklichkeit? Hält sie nicht Nabelschau und baut sich eine heile Welt auf, die mit der Wirklichkeit des Alltags nichts zu tun hat? Es ist tatsächlich so, dass viele Menschen den Entscheid, den spirituellen Weg zu gehen, treffen, weil sie ihn bewusst oder unbewusst als Fluchtmöglichkeit vor der Wirklichkeit eines Lebens sehen, durch das sie überfordert sind. Aber ähnlich wie beim „Egotrip" ist es eine paradoxe Flucht. Denn der Fluchtweg endet bei der Wirklichkeit. Regelmässiges Üben führt dazu, dass wir uns selbst (unsere eigene Wirklichkeit) und auch die Umgebung (die Wirklichkeit, in der wir leben) viel klarer und ohne Verzerrung sehen. Wenn oben der „Egotrip" mit dem Durchsägen des Astes, auf dem das Ego sitzt, verglichen wurde, so könnte für die Flucht auf dem Weg der gegenstandslosen Meditation das Bild eines Bumerangs verwendet werden, dessen Flug am gleichen Ort endet, wo er begonnen hat.

Und es ist an diesem Ort, an dem die Identifikation mit dem Ego aufhört und wir die Wirklichkeit unverzerrt wahrnehmen und annehmen, wo wir den Sinn, die Freude und die Liebe erfahren und leben können.

Ausübung der gegenstandslosen Meditation

Wo meditiere ich?

Für die Übung zu Hause sollten Sie sich, soweit es geht, einen Ort einrichten, an dem eine ungestörte Meditation möglich ist. Am einfachsten ist es, eine Matte oder eine Decke auf den Boden zu legen, die diesen Ort, auch wenn nicht geübt wird, „markiert" und Ihnen die Sitzmeditation auch im Alltag in Erinnerung ruft. Diese Matte (zum Beispiel quadratisch mit einer Seitenlänge von 80 bis 100 cm) sollte vor einer leeren Wand (ohne aufgehängte Bilder oder Gegenstände) liegen.

Die Übung erfolgt im Sitzen gegen diese Wand, in der Mitte der Matte, die etwa einen halben bis einen Meter von der Wand entfernt ist. Mit dem Blick gegen eine Wand wird die meditierende Person weniger durch die Umgebung gestört. Dies ist vor allem am Anfang wichtig.

Wie sitze ich?

Es gibt viele Weisen, wie wir während der Meditation sitzen können: auf einem Meditationskissen, auf einem Meditationsbänkchen, auf einem Hocker oder einem Stuhl[46]. Wichtig ist, im Kontakt mit dem Boden zu sein. Aus diesem Grund ist, wenn möglich, das Kissen oder das Bänkchen dem Sitzen auf einem Stuhl vorzuziehen. Wenn wir auf einem Hocker oder einem Stuhl sitzen, sollten die Füsse gerade auf dem Boden oder (ohne Schuhe) auf der Matte stehen. Die Hände können entweder auf den Oberschenkeln liegen oder im Schoss gefaltet sein. Auf dem Bänkchen oder Kissen haben die Knie (und die Unterschenkel) Kontakt zum Boden.

Das Sitzen muss so bequem sein, dass Sie möglichst ohne Änderung der Position während der gesamten Meditationszeit (am Anfang kürzer: z. B. 15–20 Minuten, später länger: 30–60 Minuten) sitzen können. Es ist nicht nötig, Sitzstellungen zu versuchen, die Schmerzen oder das Einschlafen eines Beins oder eines Fusses verursachen. Wichtig sind die Verbindung mit dem Boden und eine Stellung, in welcher der Oberkörper aufrecht ist, damit der Atem frei fliessen kann. Den Kopf halten wir gerade, die Augen sind in der Zazen-Tradition halb geöffnet, der Blick leicht gesenkt gegen die Wand gerichtet. Die Sitzmeditation wird aber in vielen Traditionen auch mit geschlossenen Augen geübt.

Wie meditiere ich?

Während der Meditation sollte unser Geist den Zustand einer *inhaltsfreien* Wachheit anstreben. Das heisst nicht unbedingt, dass ich einfach passiv an nichts Bestimmtes denke. Denn beobachte ich mich beim „An-nichts-Denken", stelle ich fest, dass ich nie wirklich an nichts denke, sondern dass ich vielmehr den Gedanken freien Lauf lasse, wie sie „spontan" kommen. Welche Gedanken dabei in mein Bewusstsein gelangen, wird in erster Linie durch meine (bewussten oder nicht bewussten) Gefühle bestimmt. Umgekehrt bestimmen die Gedanken, die in mir als Worte oder Bilder aufkommen, auch ihrerseits wiederum die Gefühle, da so gut wie jeder Gedanke mit einer Verknüpfung zu einer bestimmten Emotion daherkommt. Es kommen ununterbrochen Inhalte in Form von Gedanken und Gefühlen auf.

Aber auch wenn wir versuchen, aktiv die Inhaltsfreiheit unseres Geistes zu erreichen, stellen wir fest, dass es sich um eine sehr schwierige Aufgabe handelt. Wir können uns auf *etwas* konzentrieren, wir können unsere Gedanken auf *etwas* fokussieren und alles andere ausblenden: zum Beispiel, wenn wir eine schwierige Rechenaufgabe im Kopf ausführen oder wenn wir aus dem Gedächtnis einen Text rezitieren. Viel schwieriger ist es aber, auf *nichts* zu fokussieren. Aus diesem Grund wird empfohlen, während der Meditation den Atem zu Hilfe zu nehmen[47]. Wir beobachten unseren Atem: Unser Bewusstsein – unser Geist – ist auf ihn zentriert und fliesst mit jedem Ausatmen und Einatmen mit. Wichtig dabei ist, dass wir den Atem nicht beeinflussen wollen, sondern mit ihm gehen, so wie er ist.

Eine weitere Hilfe zur Erreichung der notwendigen Konzentration kann ein Wort sein, das wir mit dem Atem in Gedanken aussprechen. Das Wort sollte so gewählt werden, dass es unsere Einstellung während der Meditation stützt, zum Beispiel Worte wie „Ruhe", „Stille" oder „Liebe". Gleichzeitig konzentrieren wir unser Bewusstsein auf die Leere vor uns und um uns, zum Beispiel dadurch, dass wir der Stille um uns und in uns zuhören.

Wir werden am Anfang nur während sehr kurzer Augenblicke in der Lage sein, ein annähernd inhaltsfreies Bewusstsein zu haben. Es werden immer wieder Gedanken und Gefühle hineinströmen. Dies gilt indes auch für Personen mit langjähriger Meditationspraxis. Denn das stete Auftreten von Gedanken und Gefühlen in unserem Bewusstsein ist eine natürliche Eigenschaft des menschlichen Geistes.

Es geht bei der Übung nicht darum, die auftretenden Gedanken und Gefühle zu verdrängen. Wichtig ist, dass wir uns durch diese „Störungen", die sich nicht kontrollieren lassen, von der Meditation nicht ablenken lassen. Wir lassen alle Gedanken und Gefühle vorbeiziehen und bleiben fokussiert auf unsere Atemzüge (und unser Wort), die uns in die Freiheit von Inhalten führen sollen. Wenn wir uns bewusst werden, dass ein Gedanke in unserem Bewusstsein bleibt und unsere Aufmerksamkeit auf seinen Inhalt lenkt, nehmen wir, ohne zu urteilen, wahr, was für ein Gedanke es war, der unseren Geist „mitgenommen hat", und kehren sanft, aber bestimmt zum Atem zurück. Als Hilfe können wir das Wort „Denken" denken und damit den Gedanken anschauen und uns von ihm loslösen, uns nicht mit ihm identifizieren. Auf gleiche Weise können wir mit aufkommenden Gefühlen und Körperempfindungen umgehen. Wenn dieselben Gefühle, Gedanken oder Körperempfindungen wiederholt aufkommen und uns gefangen halten, können wir sie auch benennen (etikettieren); z. B. „Angst vor der Prüfung", „Schmerz im Nacken", „Tagesplan", „Einkaufsliste", „Wut auf Tochter", „Enttäuschung durch den Chef".

Das Ziel ist Loslassen – auch wenn die gegenstandslose Meditation manchmal anstrengend ist

Die gegenstandslose Meditation ist manchmal anstrengend, weil aktive Wachheit einer gewissen Anstrengung bedarf. (Deshalb können viele besser ausgeruht am Morgen als müde am Abend meditieren.) Die gegenstandslose Meditation ist kein „Dasitzen" in Inaktivität. Es wird aktiv an nichts „gedacht", oder eben an den Atem bzw. an ein Wort, das durch den Atem getragen wird; gedacht im Sinne einer aktiven Konzentration oder Achtsamkeit des Geistes, des Bewusstseins.

Es sollte allerdings nicht versucht werden, das Bewusstsein mit einer extremen Anstrengung rein von Gedanken zu halten. Aufmerksamkeit und Ausdauer sind sehr wichtig. Das Ziel ist jedoch nicht, krampfhaft am Atem und dem begleitenden Wort haften zu bleiben. Gedanken und Gefühle gehören zu uns. Es geht nicht darum, sie zu unterdrücken. Es geht vielmehr darum, sie loszulassen, unser Bewusstsein auf den Raum „hinter" oder „zwischen" den Gedanken, Gefühlen, Körperempfindungen und Sinneswahrnehmungen zu fokussieren.

Wenn die meditierende Person merkt, dass sie abgelenkt wurde, soll sie sanft und freundlich, immer wieder neu die Aufmerksamkeit auf den Atem, auf das

Wort richten. Nicht ausschliesslich über den Kopf. Auch der Körper ist ein Teil der Meditation[48], alles ist da, alles soll einfach da sein, alles aufmerksam, aber nicht angespannt. Das Ziel der Übungen ist Loslassen von allen Gedanken und Gefühlen ohne Anstrengung. Dieses Ziel wird von jenen, die sich auf die Ausübung der gegenstandslosen Meditation besser „konzentrieren" können, nicht unbedingt früher erreicht. Das Ziel kommt, wenn es kommt. *Es* geschieht. Das Ich hat darüber keine Kontrolle[49].

Welche Aktivitäten eignen sich als Begleitung und Unterstützung?

Vor allem zu Beginn kann es sehr hilfreich sein, Meditationskurse zu besuchen, in denen über einige Tage Zen oder Kontemplation zusammen mit anderen und unter der Leitung einer erfahrenen Person geübt werden. Der Autor kann aufgrund eigener Erfahrung zwei Adressen empfehlen.[50] Weitere Internetadressen finden sich am Schluss des Buches.

Eine wichtige Unterstützung der täglichen Praxis kann die regelmässige Teilnahme an einer Gruppenmeditation sein. Es gibt in jeder grösseren Stadt zahlreiche Meditationsgruppen, die sich einmal wöchentlich für eine oder zwei Stunden zum gemeinsamen Meditieren treffen. Hier können auch die Erfahrungen über die Meditationspraxis ausgetauscht werden.[51]

Auf dem Weg der gegenstandslosen Meditation kann es eine Hilfe sein, in Zusammenhang mit der Übung einen passenden Text zu lesen. Es gibt eine grosse Zahl von Büchern, die als Begleitung oder Führung auf dem spirituellen Weg empfehlenswert sind. Allerdings ist die Wahl am Anfang nicht immer einfach.

Es werden hier deshalb einige Bücher erwähnt, welche die meditierende Person zu Beginn – also bevor sie den für sie am besten geeigneten Text selber findet – verwenden kann.

Wird die Übung als ein Weg zu sich selbst praktiziert, ist das Buch *Einbruch in die Freiheit* von Krishnamurti als Begleitung im Prozess der Selbsterkenntnis sehr gut geeignet[52]. Ein anderer, von einer Religionslehre oder einer religiösen Tradition unabhängiger Text, der empfohlen werden kann, stammt von Jon Kabat-Zinn, dem Begründer von MBSR, einer Anwendung von Achtsamkeitsübungen als therapeutischem Verfahren in der Medizin[53].

Wird die gegenstandslose Meditation im Kontext der christlichen Religion (der christlichen Mystik) geübt, eignen sich Texte von Tauler und Meister Eckehart besonders gut.[54] Ein anderes „klassisches" Werk, das in diesem Zusammenhang empfohlen werden kann, ist *Die Wolke des Nichtwissens*[55]. Ein wichtiges Buch eines zeitgenössischen Mystikers ist im Kreuz Verlag erschienen: *Die Kontemplation – ein spiritueller Weg* von Willigis Jäger.

Für Personen, die den Weg der gegenstandslosen Meditation in der buddhistischen Tradition gehen wollen, können Bücher von M. Irgang und Charlotte Joko

Beck (Zen-Buddhismus) beziehungsweise von Buddhadasa und J. Kornfield („klassischer" Buddhismus) empfohlen werden[56]. Von Willigis Jäger gibt es ebenfalls ein lesenswertes Buch über den spirituellen Weg des Zen *Zen im 21. Jahrhundert*, Kamphausen Verlag, 2009.

Die Erfahrung zeigt, dass eine regelmässige Lektüre (z. B. zweimal wöchentlich nach einer längeren Meditationsübung ein Kapitel aus dem gewählten Buch) die besten Früchte trägt. Es empfiehlt sich zudem, das Buch vom Anfang bis zum Ende zu lesen, also nicht bloss ausgewählte Kapitel. Meistens wird ein Buch auf diese Weise zwei- bis viermal „durchgearbeitet". Einige Texte werden wir dabei nach wiederholter Lektüre und nach längerer Meditationserfahrung viel klarer verstehen.

Für eine Meditationsgruppe eignen sich als Rahmen kürzere Texte, die entweder zu Beginn oder zwischen zwei Meditationsrunden vorgelesen werden können. Eine Sammlung von kostbaren Texten aus verschiedenen Traditionen – Zen, christliche Kontemplation, Sufismus, jüdische Mystik und andere – findet sich in *Die Flöte des Unendlichen. Mystische Rezitationstexte aus Ost und West* von Willigis Jäger und Beatrice Grimm[57]. Diese Texte können auch zur „Einstimmung" vor der täglichen Meditation zu Hause gelesen werden. Wenn uns ein Text anspricht – selbst wenn uns auf Anhieb nicht klar ist, was er meint –, können wir ihn über längere Zeit jeden Tag vor oder nach der Meditation lesen.

„Bleib bei dir selber!"

Dieser Satz aus der Predigt Nummer 73 von Johannes Tauler wird hier zitiert, um deutlich zu machen, dass die Erfahrung in der Übung der gegenstandslosen Meditation jeder Mensch nur für sich und mit sich selbst machen kann. Es werden viele Texte und Kurse angeboten, die für den Einstieg sehr wichtig und für die meisten zu Beginn unerlässlich sind. Den Weg muss aber jeder und jede allein gehen: *jeden Tag ein- oder zweimal meditieren.* Am Anfang 15 bis 30 Minuten, später länger.

Jeder und jede wird dann aber auch selbst die Früchte erleben können. Eine direkte Erfahrung des vollkommenen Friedens, der bedingungslosen Annahme und Liebe. Eine Erfahrung, die mir kein Mensch geben kann, welche ich auch selber nicht herbeiführen kann, die ich nur dadurch, dass ich die gegenstandslose Meditation übe, als Geschenk empfangen darf.

Wie im vorigen Abschnitt erwähnt, ist es auch nützlich und wichtig zu lesen und zu hören, was andere erfahren haben. Solche Texte und Ansprachen können aber nie Ersatz für die eigene Praxis der regelmässigen Meditation sein. Am wichtigsten ist daher das Ausharren. Nicht wie ich sitze, zu welcher Tageszeit ich meditiere, nicht was ich lese, nicht was ich beim Meditieren empfinde, sondern dass ich auf dem Weg ausharre, ist wichtig. Nur so wird die neue Wirklichkeit in meinen Alltag übergehen. Ich werde klarer und immer häufiger auch im Alltag wahrnehmen, wie alles mit Sinn durchdrungen und in der Liebe aufgehoben ist.

Vier mögliche Perspektiven

Die folgenden Kapitel stellen vier mögliche Perspektiven vor, welche den Prozess auf dem Weg der gegenstandslosen Meditation beschreiben. Sie können eine Hilfe sein, den Zugang zu der Übung zu finden.

Die erste der vier Perspektiven ist die eines Menschen, der durch die regelmässige Übung sich selbst kennenlernt. Das Motto, durch das sich die Person leiten lässt, ist hier: „Erkenne dich selbst". Das Erkennen der „eigenen Natur", dessen, was ich als Mensch bin, ist ein wichtiger Teil des Weges, unabhängig davon, von welcher Perspektive sich die meditierende Person leiten lässt. Der ideologische Rahmen kann je nach Kontext unterschiedlich sein: Der Christ sitzt bei der gegenstandslosen Meditation vor Gott, der Atheist und der Zen-Buddhist vor der Leerheit, der Philosoph vielleicht vor dem „Allumgreifenden", das er mit dem Verstand nicht erfassen kann[58]. Alle sitzen sie indessen vor sich selbst und mit sich selbst. Aus diesem Grund ist der Weg der gegenstandslosen Meditation immer auch ein Prozess der Selbsterkennung. Ein Weg zu sich selbst sowohl im philosophischen als auch im psychologischen Sinn.

Die zweite Perspektive beschreibt den Weg aus der Sicht eines *Sinn* suchenden Menschen.

Die dritte Perspektive entspricht der ursprünglichen Tradition, in der die gegenstandslose Meditation praktiziert wurde. Es ist die Perspektive eines religiösen Menschen. Die Basis bildet das Neue Testament. Es könnte auch eine andere Religion sein. Die christliche Tradition wurde gewählt, weil sie in der westlichen Kultur, in der wir leben, am weitesten verbreitet ist.

Die vierte Perspektive beschreibt die Praxis der gegenstandslosen Meditation als den Weg des Vertrauens. Hier muss ich dem, was andere über den Weg berichten, Vertrauen schenken, damit ich ihn antrete. Diese letzte Perspektive stellt die Frage, was es heisst und welche Gründe für oder gegen dieses Vertrauen sprechen. Sie zeigt auch, dass auf diesem Weg das Vertrauen zu mir – zu dem, was ich als Mensch während meiner Existenz auf dieser Erde bin – wächst. Wie bei der ersten steht auch bei dieser letzten Perspektive das Sich-selbst-Erkennen im Vordergrund, das Sehen, was ich im tiefsten Inneren bin.

Warum werden vier Perspektiven präsentiert und nicht nur eine, die richtige? Weil jedes Konzept, in das die gegenstandslose Meditation eingebettet ist, nur einen Teilaspekt jenes Prozesses erfassen kann, der bei der meditierenden Person stattfindet. In diesem Sinn gibt es keine allein richtige Beschreibung für diesen Weg. Nur in der Übung, nur der Mensch – die Frau oder der Mann –, die oder der den Weg geht, wird „das Ganze" – ist „das Ganze".

Die Beschreibung der Praxis der gegenstandslosen Meditation aus vier verschiedenen Perspektiven zeigt zudem die Unabhängigkeit dieses Wegs von Religionslehren oder spirituellen Konzepten.

In diesem Sinn sind alle vier hier beschriebenen Konzepte richtig. Sie führen an den gleichen Ort. Nicht richtig, nicht wahr werden sie allerdings, wo sie zu einer allein gültigen Lehre oder Ideologie „erhoben" werden. Eine Lehre oder Ideologie, die sich als die einzig Richtige versteht, zwingt das durch den Verstand nicht Fassbare in das Gefängnis der dualistischen Logik hinein. Ähnlich wie in der Parabel des Buddha[59] von den Blinden, die vom König gefragt wurden, wie ein Elefant aussieht. Die Beschreibungen der verschiedenen Blinden, die sich über Tasten dem Phänomen Elefant annäherten, waren alle richtig, nicht falsch. Nicht richtig, nicht wahr, jedoch war der Anspruch, dass die eigene Beschreibung die einzig wahre ist.

Welches der vier Konzepte für eine bestimmte Person geeignet ist, muss jeder und jede selbst entscheiden. Ein(e) gläubige(r) Christ(in) wird die dritte Perspektive wählen. Ein(e) Atheist(in) vielleicht die erste, ein(e) Agnostiker(in) die zweite. Oder auch keine der vier. Heute gehen auch viele Menschen im Raum der westlichen Kultur den Weg der gegenstandslosen Meditation im Rahmen des Zen oder einer anderen buddhistischen Schule. Die klassisch-buddhistische Perspektive wird sehr anschaulich und auf eine gut für uns westliche Menschen verständliche Weise im Buch des Dalai Lama *Die Essenz der Lehre Buddhas* beschrieben.

Anders als beim ersten Teil ist dieser zweite Teil des vorliegenden Buches nicht dazu bestimmt, in einem Stück gelesen zu werden, er ist vielmehr als Anleitung zur regelmässigen Praxis gemeint. Für den Einstieg ist es vermutlich sogar besser, nicht alle vier Beschreibungen des Meditationswegs hintereinander zu lesen. Denjenigen Leserinnen und Lesern, die von keiner der vier Perspektiven klar angesprochen werden, empfiehlt der Autor zu Beginn entweder die letzte: „Der Weg des Vertrauens" oder die erste: „Erkenne dich selbst". Es sind auch jene Abschnitte, die den Weg am ausführlichsten beschreiben. Im Verlauf der regelmässigen Praxis werden Sie vielleicht auf die eine oder andere der weiteren Beschreibungen zurückkommen.

Brauchen wir eine Perspektive? Auf dem Weg der gegenstandslosen Meditation geht es nicht um eine Lehre oder eine Religion, sondern um eine direkte Erfahrung. Es geht um den Prozess, der sich bei der meditierenden Person – meist ohne dass sie sich dessen bewusst ist – durch die regelmässige Übung entfaltet. Ist dann nicht Geduld und Ausdauer bei der regelmässigen Übung wichtiger als ein Konzept? Ist es nicht besser, einfach zu üben?

Die Antwort ist ja und nein. Sind wir einmal an dem Ort des Erwachens für den tiefen Sinn und des Erlebens der alles umfassenden Liebe angekommen, ist der Weg, der uns dorthin geführt hat, nicht relevant. Auf dem Weg der täglichen Übung der gegenstandslosen Meditation können allerdings schwierige Phasen auftreten, in denen aus dem Konzept, das uns leitet, Kraft und Motivation geschöpft werden können, um auf dem Weg zu bleiben.

In dieser Hinsicht haben Personen, die in einer religiösen Tradition die gegenstandslose Meditation üben können, den Vorteil, dass sie auf den Erfahrungsschatz vieler Menschen zurückgreifen können, die den Weg in dieser Tradition vor ihnen gegangen sind. Hinzu kommt, dass die Hingabe an ein „Vorbild" (Krishna, Buddha, Jesus, Gott) eine grosse Stütze sein kann. In der Bhagavad Gita, wahrscheinlich einer der ältesten Schriften, die den spirituellen Weg beschreiben, sagt Krishna: *„Aber für jene, die ihr Bewusstsein auf das Unentfaltete richten, ist die Anstrengung grösser. Denn ein unentfaltetes Ziel wird ja von körperlichen Wesen schwer erreicht. Jene aber, die alles Handeln auf mich werfen, für die ich der Höchste bin, die über mich mittels ungeteilter Yoga-Übung meditieren und mich anbeten, ihnen bin ich sehr bald der Retter."*[60]

Geleitet durch ein nicht religiöses Konzept (zum Beispiel eines der drei in den nächsten Kapiteln beschriebenen), ist der Weg der gegenstandslosen Meditation gemäss dieser Aussage schwieriger. Er bietet keine Stütze in Form einer personifizierten Leitfigur. Heute ist es allerdings für viele in der westlichen Kultur sozialisierten Menschen, die gelernt haben, den Verstand als die höchste Instanz anzusehen, und für die religiöse Konzepte nicht „zugänglich" sind, der einzig mögliche Weg.

Auf der anderen Seite muss auch ein religiöses Vorbild in Form einer „leibhaftigen" Personifizierung auf dem Weg zum Namenlosen, wo die Antwort zu finden ist, aufgegeben werden. Das Konzept taugt als Stütze, als eine Leiter, um hinaufzukommen, als Floss, um an das andere Ufer zu gelangen. Das zeigt das folgende Gleichnis, das gemäss der Überlieferung Buddha seinen Schülern erzählte:

„Mönche, stellt euch vor, ein Wanderer erreicht einen grossen Fluss, dessen näher gelegenes Ufer voller Gefahren ist, dessen anderes Ufer aber sicher und geschützt ist. Es ist aber weder ein Boot noch eine Brücke da, um hinüberzukommen. Während er überlegt, wie er wohl von der gefährlichen zu der ungefährlichen Seite hinübergelangen könnte, kommt ihm die Idee, aus Stöcken und Zweigen ein Floss zu bauen, das ihn in Sicherheit bringt. Als er schliesslich so das andere Ufer erreicht hat, sieht er sich das Floss an und überlegt, ob er es nicht auf dem Kopf oder den Schultern mitnehmen sollte, da es so nützlich gewesen ist. Was glaubt ihr, Mönche, ob dieser Mann wohl das Richtige tut? Und was sollte er denn tun? Mönche, er muss ohne das Floss weiterwandern, nachdem er übergesetzt hat. Ein Mann, der so handelt, macht mit dem Floss genau das Richtige.

Genauso ist es mit dem Dharma, das ich euch lehre. Es ist wie das Floss zum Übersetzen da und nicht zum Festhalten. Ihr Mönche, klammert euch nicht an richtige Einstellungen und noch weniger an falsche – denkt an das Gleichnis vom Floss."[61]

1. Erkenne dich selbst
Die gegenstandslose Meditation als der Weg zu sich selbst

„Erkenne dich selbst." Viele grosse Philosophen, Künstler und spirituelle Lehrer haben diesen Satz als ihre Lebensmaxime oder den Kern ihrer Lehre bezeichnet.[62] Dies überrascht kaum, wenn wir uns klarmachen, dass das Bewusstsein seiner selbst sehr wahrscheinlich das wichtigste Merkmal ist, das den Menschen zum Menschen macht. Je mehr ich mich erkenne, umso mehr bin ich Mensch, umso mehr werde ich zu dem, als was ich in diese Welt hineingeboren wurde und nun existiere. Unabhängig davon, auf welche Weise diese Existenz des Menschen, so wie er heute ist, zustande kam. Sei es durch die Evolution in der Natur, durch ein höheres Prinzip wie z. B. Gott oder durch „reinen Zufall". Je bewusster ich lebe, umso mehr bin ich Mensch.

Auch wenn ich den Standpunkt eines philosophisch oder spirituell wenig interessierten, rein rational denkenden Menschen einnehme, muss ich aufgrund dieser Überlegungen zu diesem Schluss kommen. Die Selbsterkenntnis, das Erkennen meiner selbst, ist die dem Homo sapiens eigene Fähigkeit und Eigenschaft.[63] Sie sollte daher für jede Frau und jeden Mann auch als eine der wichtigsten Aufgaben während ihrer bzw. seiner Existenz auf dieser Welt gelten. Eine Aufgabe, welche zudem sinnstiftend ist und dadurch mit einem anderen wichtigen, für den Menschen spezifischen Charakteristikum in engem Zusammenhang steht: der Suche nach dem Sinn. Denn die Antworten auf die wesentlichen Fragen – und hierzu gehört in erster Linie die Frage nach dem Sinn der menschlichen Existenz – findet der Mensch nur in sich selbst. Der Satz „Erkenne dich selbst" stand auf dem Eingangsportal des Orakels von Delphi, wohin im Altertum viele pilgerten, um eine Antwort auf ihre Schicksalsfrage zu erhalten.

Was heisst es, sich zu erkennen?

Als Erstes stellen wir fest, dass nur ich selber mein Ich direkt zu erkennen vermag. Andere können mein Inneres nicht betrachten, sie können lediglich aus meinem Verhalten mehr oder weniger zutreffende Vermutungen über mich anstellen. Ich kann folglich nicht andere Personen konsultieren, wenn es darum geht, mich selbst, so wie ich wirklich bin, zu erkennen. Mich selbst erkennen kann ich nur, wenn ich mich selbst betrachte.

Ich muss daher versuchen, meine Aufmerksamkeit auf mich zu lenken, den Blick nach innen zu richten in einer Art meditativer oder kontemplativer Betrachtung. Dabei muss ich sorgfältig vorgehen, um Verfälschung oder Verzerrung zu vermeiden. Ich muss darauf achten, dass ich alles, was zu mir gehört, in die Betrachtung einbeziehe, dass ich mich als Ganzes betrachte – und nicht nur einen Teil von mir. Ich betrachte das Innere meines Geistes, ich fokussiere auf das, was ich „im Grunde" bin.

Die gegenstandslose Meditation ist ein Verweilen in Selbstbeobachtung

Da die Frage der Selbsterkennung in verschiedenen Kulturen ein althergebrachtes Thema ist, bestehen seit über 2500 Jahren verschiedene meditative Übungen, welche die „Innenschau" zum Ziel haben. Eine Grundform dieser Meditationspraxis stellt die gegenstandslose Meditation dar[64]. Dabei verweilen wir im Zustand einer wachen, interessierten Aufmerksamkeit, während dessen kein Objekt, weder aussen (wie z. B. Gegenstände oder Geräusche) noch innen (wie z. B. Gedanken, Gefühle oder Körperempfindungen), im Fokus steht. Durch eine regelmässig praktizierte Übung, wie sie im Kapitel „Ausübung der gegenstandslosen Meditation" beschrieben ist, erwerben die Meditierenden die Fähigkeit, sich selbst – das heisst ihre eigenen Gedanken, Gefühle und Körperempfindungen – zu beobachten, ohne durch das Beobachten derselben abgelenkt zu werden. Sie erkennen dabei, dass diese Aktivitäten ihres Geistes und Körpers zwar ein Teil von ihnen sind – ein Teil der Person, als welche sie hier in dieser Zeit leben –, dass jedoch diese Gedanken, Gefühle und Körperempfindungen nicht ihr eigentliches Ich ausmachen, das heisst, dass sie mit ihnen nicht identisch sind.

Diese Erkenntnis, zu der die gegenstandslose Meditation hinführt, hat in Bezug auf die Aufforderung „Erkenne dich selbst" eine wichtige Bedeutung. Denn diese Erkenntnis heisst, dass ich mehr bin als meine Gedanken, mehr als meine Gefühle und körperlichen Empfindungen. Hinter all diesen Aktivitäten unseres Geistes ist ein Beobachter, der sie wahrnehmen kann. Wenn es also heisst, erkenne dich selbst, muss der Blick auf diesen Beobachter gerichtet werden. Dabei nehmen wir wahr, dass wir beobachten können, wie wir unsere Gedanken, Gefühle und Körperempfindungen beobachten. Das heisst aber, dass wir auch „mehr" sind als der Beobachter[65], weil wir imstande sind, selbst diesen wahrzunehmen. Dieses „Mehr" – man könnte es auch den Beobachter des Beobachters nennen – nehmen wir allerdings nicht mehr wahr, weil es mit der Wahrnehmung unseres Ichs[66], mit dem direkten Erleben im Augenblick, zusammenfällt.

Dieses unmittelbare Erleben – also das, was wir häufig bewusst als „ich selbst" wahrnehmen und als solches bezeichnen – können wir nicht „beobachten" und auch nicht „von aussen" als Beobachter wahrnehmen. Denn jeder Versuch, dies zu tun, endet immer wieder bei einem Beobachter (des Beobachters des Beobachters usw.): bei unserem Ich, das sich der Beobachtung entzieht. Wenn Beobachtung durch mich geschehen soll, muss ich ja beobachten. Dann bin ich aber nicht das Beobachtete, sondern der oder die Beobachtende. Ich kann mich selbst, als ganzes Individuum, als das, was ich „wirklich und ganz" bin, hinter allen Gedanken, Bildern, Gefühlen, Vorstellungen, Fantasien, nicht beobachten. Das bedeutet aber, dass ich mich – wenn ich mich nicht beobachten kann – auch nicht „wirklich und ganz" zu erkennen vermag.

In diesem Zusammenhang ist die gegenstandslose Meditation als der Versuch zu sehen, an dem Punkt zu verweilen, der dieser direkten Beobachtung am nächsten liegt. Die Ausübung dieser Art von Meditation besteht darin, dass wir den Beobachter (das, was wir als unseren Geist oder unser Bewusstsein wahrnehmen – nicht den Beobachter des Beobachters, den können wir ja nicht steuern) auf den Raum „zwischen" oder „hinter" den Gedanken, Gefühlen, Körperempfindungen und Sinneswahrnehmungen fokussieren. Auf diese Leere, in der sie „aufgehoben" sind.

Weil es nicht nur Anfängern, sondern auch Personen mit langer Meditationserfahrung immer wieder sehr schwerfällt, mit dem Geist bei dieser Leere zu verharren, nehmen wir unseren Atem zu Hilfe. Wir fokussieren den Beobachter – unser Bewusstsein – auf den Atem. Wer es versucht hat, weiss, dass wir dabei immer wieder durch Gedanken, Gefühle, Körperempfindungen oder andere Sinneswahrnehmungen abgelenkt werden. Es ist also wichtig, den Beobachter wieder zurück auf unseren Fokus zu lenken, um bei uns selbst zu bleiben.

Insofern ist die Ausübung der gegenstandslosen Meditation ein Ausharren in unserer Selbstbeobachtung. Wir kehren stets zurück zu dem, was wir letztlich sind, wenn wir all unsere Gefühle, Gedanken, Vorstellungen und Verstellungen beiseitelassen. Wie oben bereits ausgeführt, ist die unmittelbare Beobachtung meiner selbst (also „des Beobachters des Beobachters") gar nicht möglich. Während der gegenstandslosen Meditation verharre ich jedoch an jenem Punkt, der dieser direkten Beobachtung meiner selbst als eines ganzen Individuums am nächsten liegt.

Der Selbsterkennungsprozess ist schmerzhaft

Dieses Verweilen in der Selbstbeobachtung ist nicht nur „technisch" anspruchsvoll. Alle, die es über längere Zeit praktiziert haben, wissen, wie schwierig, ermüdend und ärgerlich es zuweilen sein kann, den Beobachter immer wieder zu dem Fokus der Meditation zurückzubringen. Es ist auch ein Prozess des Selbsterkennens – im psychologischen und psychotherapeutischen Sinne. Eine tägliche Übung der gegenstandslosen Meditation über eine längere Zeit hinweg führt dazu, dass wir unsere Person mit ihren Eigenschaften in einer grösseren Klarheit und mit viel weniger Verzerrung wahrnehmen, als dies im Alltag der Fall ist.

Diese Innensicht verschafft uns auch Zugang zu Aspekten unserer Person, die uns bis dahin unbewusst geblieben sind. Wir werden nämlich konfrontiert mit der Tatsache, dass sehr viele – wenn nicht alle – Eigenschaften, die wir bei anderen Personen verurteilen, verachten oder gar verabscheuen, auch uns selbst zu eigen sind. In der Psychotherapie wird dies von einigen Schulen als die Auseinandersetzung mit dem Schatten bezeichnet[67], die zum Ziel hat, diesen Schatten letztlich als Teil der eigenen Person zu integrieren.

Dieser Prozess kann sehr belastend sein und zu Ängsten und Selbstzweifeln führen. Im gleichen Masse belastend kann das Wachwerden von Erinnerungen an psychische Verletzungen sein, welche wir während unseres Lebens, vor allem in der frühen Kindheit, erlitten haben. Wir erkennen zudem, dass wir viele Werte, die wir für lebenswichtig hielten, nicht länger als Wahrheiten betrachten können, an denen nicht zu rütteln ist – ja, dass selbst die eigene Person mit ihren Eigenschaften und Werten, die wir bis anhin als ein stabiles Gebäude erlebt haben, mit viel Unsicherheit und Unbeständigkeit verbunden ist.

Der Weg der Selbsterfahrung durch die gegenstandslose Meditation kann daher schwierig und schmerzhaft sein. Durch die regelmässige Übung gewinnen wir gleichzeitig aber auch mehr Halt, mehr psychische Stabilität und erleben eine Horizonterweiterung, die uns mit ungeahnten Erfahrungen bereichert. Wegen dieser Kraft spendenden Wirkung ist es sehr wichtig, mit der regelmässigen täglichen Übung fortzufahren, daran festzuhalten – gerade angesichts belastender Erfahrungen. Die Fortsetzung der regelmässigen Meditation ist auch der einzige Weg, der aus dem dunklen Ort der Verzweiflung und der Unsicherheit hinausführt.

Wird die Übung trotz der für manche belastenden Erfahrungen fortgesetzt, führt die gegenstandslose Meditation schliesslich auch zu einem tieferen Kennenlernen unseres Bewusstseins. Je länger wir in der Selbstbeobachtung verweilen, umso klarer erleben wir die Tatsache, dass unser Bewusstsein „hinter" den Gefühlen, Körper- und Sinnesempfindungen und Gedanken leer ist. Diese leere Bühne ist der Raum der Achtsamkeit, in dem sich die Tätigkeiten des Geistes abspielen, die sich als Gedanken, Bilder und Gefühle manifestieren. Es kann dabei Augenblicke geben, in denen uns selbst unser Ich, der Beobachter des Beobachters, als substanzlos, als leer, erscheint. Die Erfahrung unseres Schattens, also die Konfrontation mit der Tatsache, dass auch wir all diese unerwünschten Eigenschaften in uns tragen, verbunden mit der Vorahnung der Möglichkeit, dass sogar unser eigenes Ich als Nichts erlebt werden wird, kann Ängste in uns auslösen: Angst vor dem Ich-Verlust und Angst angesichts unserer Hilflosigkeit gegenüber dem Schatten in uns.

Das Geschenk der Erfahrung des „eigentlichen Selbst"

Wir können durch diese Schwierigkeiten nur hindurchgelangen, wenn wir weiterhin regelmässig meditieren. Gerade in dieser Phase ist es wichtig, an der Übung festzuhalten – jeden Tag zurück zur Stille mit sich selbst zu kommen, immer wieder in der Leere des Augenblicks zu verweilen. Beim Ausharren in der regelmässigen Übung wird der meditierenden Person schliesslich die Erfahrung des direkten Erkennens des „eigentlichen Selbst" geschenkt: Sie erfährt dabei etwas, das über dem Beobachter des Beobachters steht, das mehr ist als die Leere, das mehr ist als das Ich: Der Dualismus zwischen Beobachter und Beobachtetem wird aufgehoben, die meditierende Person unterscheidet sich nicht von der Leere, mit der sie sitzt, sie selbst ist die Leere – die alles enthält, aus der alles entsteht –, sie selbst ist die Stille, welche Liebe, Freude, Klarheit und das Gefühl eines tiefen Sinns aufblühen lässt – und die Leere, diese Stille, ist sie. Das Gefühl des Ichs geht auf in reinem Gewahrsein.

Dass diese Erfahrung geschieht, wissen wir aus den Berichten[68] vieler, die sie seit mehr als 2500 Jahren erlebt haben und auch heute erleben. Wie sie geschieht, bleibt der erfahrenden Person letztlich verborgen. Wie oben beschrieben, ist logisch gesehen das direkte Erkennen meiner selbst – vollständig, mit allem, was zu mir gehört, so wie ich bin – ein Widerspruch: Ich kann mich nicht betrachten, ohne dass ein Teil meines bewussten Ichs beobachtet (d. h. der Beobachter und nicht das Beobachtete ist) und somit der Betrachtung entzogen bleibt. Geschieht dies trotzdem, muss es sich hier um eine Dimension handeln, in welcher der Dualismus zwischen Beobachtetem und Beobachtendem aufgehoben ist, um eine Dimension jenseits des Denkens, jenseits des Verstandes.

Nicht nur der logische Widerspruch, sondern auch die Qualität der Erfahrung lassen die meditierende Person erkennen, dass es sich hierbei um eine andere Realität handelt als die, welche wir mit unserem Verstand wahrnehmen können – um eine neue Wirklichkeit, eine Wirklichkeit, die jenseits des Verstandes und jenseits der Gedanken oder Gefühle in einer anderen, spirituellen Dimension liegt. Es ist die Erfahrung meines wahren Wesens, meines eigentlichen Seins.

Diese Erfahrung lässt die meditierende Person einen tiefen Sinn der eigenen Existenz und der Existenz aller Wesen erleben. Sie löst eine noch nie dagewesene Freude, Klarheit, Freiheit und Liebe aus. Der Selbsterkennungsprozess, der durch die regelmässige Übung der gegenstandslosen Meditation durchschritten wird, führt auf diese Weise zur Begegnung mit Werten, welche einer anderen Wirklichkeit, einer anderen Dimension angehören. Insofern ist die gegenstandslose Meditation, auch losgelöst von jeglicher religiösen Lehre oder Tradition, ein spiritueller Weg[69].

Ob und wann diese Erfahrung geschieht, bleibt der meditierenden Person verborgen. Wenn es geschieht, so ist es ein Geschenk. Ich selbst kann dazu nichts beitragen, ich kann nur in der Übung verweilen. Da es sich um Dinge handelt, die jenseits des Verstandes liegen, vermögen wir sie uns auch nicht vorzustellen. Vorstellungen und Erwartungen können dieses Erleben eher behindern oder von uns abhalten.

Liebe als Urzustand des menschlichen Gemüts

Wie kommt es zu diesem Geschenk von Liebe und Freude in der Leere des Augenblicks? Dass es geschieht, wissen wir aus den Berichten vieler, die es erlebt haben. Auf welche Weise es geschieht, können wir jedoch nur vermuten. Jedes Konzept über die Prozesse, die zu dieser Erfahrung führen, ist nichts weiter als ein theoretischer Erklärungsversuch, neben vielen anderen.

Wir wissen, dass es zu dieser Erfahrung nach einem längeren Verweilen in der Stille kommt, häufig – wenn auch keineswegs immer – während der Meditation, während eines Verweilens an einem Ort, der kein Begehren kennt, wo im Hinblick auf Gefühle und Wünsche Leere und Stille herrschen. Aus dieser Leerheit erwächst das Geschenk der Erfahrung der Liebe. Ein Geschenk ist es deshalb, weil wir in dieser Stille nichts begehren, kein Ziel verfolgen, das erreicht werden soll, auch nicht in Form irgendwelcher besonderen Erlebnisse. Was geschieht, wird als Geschenk wahrgenommen. Es ist einfach da. Aufgrund solcher Erfahrungen kann die Liebe als Urzustand des menschlichen Gemüts verstanden werden[70]. Wenn Begehren und Emotionen verstummen, wird Raum frei, der sich mit Liebe füllt. Daher sagt Krishnamurti: „There is no silence without love."[71]

Die Erfahrung der Stille des Augenblicks, der Leere, des Jetzt, ist aber auch die Erfahrung meines wahren Wesens, meines eigentlichen Seins. Wenn alles schweigt, ist nur jenes Bewusstsein da, das bleibt, wenn ich von sämtlichen fremden Einflüssen frei bin[72]. Das Erleben meines wahren Seins führt zur Freude. Und es ist gleichzeitig das Erleben des wahren Du; ich erlebe nicht nur, was ich bin, sondern auch, was du bist. Es gibt keine Trennung. Ich als Angst, Ich als Trennung, Du als Angst, Du als Trennung – dies wird wahrgenommen als ein Teilaspekt der Existenz auf dieser Erde, nicht aber als das Sein, das ich lebe und das du lebst. Es ist die Wahrnehmung der Tatsache, dass der Urgrund des Seins, das, was bleibt, wenn ich alles fallen lasse, und damit auch der Grund meiner Existenz, gut ist. Durch diese Erfahrung werde ich gewahr, dass der Urgrund der Welt, in der ich als Mensch existiere, gut ist. Ich fühle mich als Mensch aufgehoben in einer bedingungslosen und zeitlosen Liebe und Güte.

Eine lange Reise, eine nie abgeschlossene Lebensaufgabe

In der Regel ist der Weg zu dieser Erfahrung lang. Die Zeit wird nicht in Wochen oder Monaten, sondern in Jahren gemessen. Dieser Weg führt durch die oben beschriebenen, schwierigen, für manche sehr belastenden Phasen der Selbsterkenntnis und der Suche nach Sinn und Halt. Nach dieser Erfahrung – nachdem der meditierenden Person dieses direkte Erleben der anderen Wirklichkeit geschenkt wurde – ist jedoch alle Mühsal vergessen; die Freude, die Dankbarkeit und die Liebe zu allem und zu allen überfluten sämtliche Gefühle, Empfindungen oder Gedanken. Frauen und Männer, denen dieses Erlebnis geschenkt wird, können nicht anders, als die erfahrene Liebe auch zu leben; es ist ihnen ein Bedürfnis, andere auf diesen Weg der Erlösung hinzuweisen.

Bis es jedoch gelingt, diese Liebe dann auch tatsächlich ins Leben zu integrieren, braucht es wiederum viel Geduld und Übung[73]. Diese Menschen sind durch die Begegnung mit der spirituellen Dimension nicht zu Engeln oder Heiligen geworden. Sie sind wie jeder und jede andere auf dieser Welt eingeschränkt durch die Gesetze der Materie und durch die Zeit. Und sie wissen auch – gerade dank ihrem langen Weg der Selbsterkennung – um ihre Schwächen, um ihre Unvollkommenheit und Unzulänglichkeit als Menschen in dieser Welt. Das höchste Prinzip bleibt für sie jedoch die Liebe – und das Leben dieser Liebe im Alltag. Dies erachten sie als erste und wichtigste, nie abgeschlossene Aufgabe ihres Lebens, eines mit tiefem Sinn, mit Frieden und mit Liebe erfüllten Lebens.

Der Weg zu sich selbst
(Ein Erfahrungsbericht)

Ein langer Weg mit vielen Kurven, Rückschritten, Höhen, Tälern, Schrunden und Gipfeln. Wenn ich mich selbst anschaue, in mein Inneres hineinsehe, nicht aufhöre, mich auf das, was ich bin, auf diese nicht zu beantwortende Frage zu konzentrieren, bei jedem Abweichen der Gedanken auf ein Objekt und auf das Subjekt (auf mich) diese Gedanken zurückhole und weiter auf mein Inneres, was da ist, jetzt, in mir, schaue, wenn ich das einmal pro Monat versuche, mal in einem Meditationskurs während einer Woche, dann regelmässig, wöchentlich, täglich, und so über fünf, über zehn Jahre, am Anfang kurz – fünfzehn, zwanzig, dreissig Minuten lang – später eine Stunde, anderthalb Stunden, zwei Stunden dasitze, in mich hineinschaue, mich auf mein Inneres konzentriere, finde ich eine Leere. Eine absolute Konzentration auf das Ich endet bei Nichts, bei seinem Auflösen.

Aus dieser Leere kommt, wenn ich sie aushalte – anfangs nur für kurze Augenblicke, später auch länger, sodass ich es betrachten kann – der Sinn: Es, Gott, Christus, das Absolute, das Sein, die Wahrheit, Friede ... Betrachte ich Es lange und immer wieder – manchmal gelingt es, am anderen Tag wieder nichts als Leere –, erfahre ich eine Einheit von dem Es und dem sitzenden, meditierenden Bewusstsein, das ich bin, das aber nicht mehr mein Ich ist. Mein Ich, Hansens Ich, hat sich aufgelöst, es gibt nur noch diese Existenz, die in meinem Körper lebt. Das ist das wahre Ich, das ewige Ich, das Ich, das alle

Menschen, die den gleichen Weg lange genug gehen, auf der Suche nach innen, nach Erkennen von sich selbst, in ihrem Inneren erfahren. Ein Ich, das unabhängig von meiner physischen Existenz auf dieser Welt ist, das genauso intensiv und für mich genauso wirklich und wirkend in vielen anderen Menschen lebt. Ich nehme teil an diesem ewigen, Hansens Ich sprengenden Bewusstsein und empfinde es als Gnade, dass ich seine Existenz, sein Wirken, erfahren darf. Eine vollkommene Einheit sitzt da, geboren dort, wo ich sitze, dort, in dem Körper, in dem mein Ich, das ich suchte, sich aufgelöst hat, gestorben ist.

Diese vollkommene Einheit hat nur eine Aufgabe: Liebe zu vermehren. Aus der Leere meines Inneren entspringt Liebe, Liebe zum Es, zu Gott, Liebe zu allen und allem. Um diese Aufgabe zu übernehmen, kehrt das Vollkommene und Ewige in die Zeitlichkeit und Unvollkommenheit der materiellen Welt zurück. Denn nur in der materiellen Welt kann die Liebe so wirken, dass sie Früchte trägt, die durch andere erfahren werden können. In der materiellen Welt, in der Zeit, stellen sich unvermeidlich Fehler ein, Hans ist weder ein Heiliger noch ein Genie. Die Vollkommenheit stirbt, wird durch die Welt zerstört. Die Liebe aber bleibt, sie wird vermehrt. Zwar in einer sehr unvollkommenen Weise und in einem kaum erkennbaren Ausmass, doch ist es eine Vermehrung der Liebe, welche hier in der Welt und in der Zeit geschieht. Das ist die wahre Existenz, das ist der Sinn von Hansens Existenz. Das ist auch das wahre Ich. Das Ich, das sich auf die ewige Liebe stützt und bei jedem Schritt darauf achtet, das Leid nicht zu vermehren.

Denn mein Ich, meine Existenz, Hans als Existenz, hat vor dieser Erkenntnis, vor dieser Wiedergeburt, viel Leiden verursacht. Auf Schritt und Tritt durch die Welt ging es ihm darum, immer etwas mehr, immer etwas Besseres zu haben als die anderen. Ich habe zwar niemanden umgebracht. Dafür aber habe ich vielen wehgetan – körperlich und seelisch –, viele habe ich enttäuscht, vor allem aber habe ich viele kaltblütig ausgenützt. Eine grosse Schuld liegt auf mir, liegt auf Hans, die ich nie wieder gutmachen kann, selbst wenn ich den Rest meines Lebens nur Gutes tun würde. Mit diesem durch mich und durch andere verursachten Leiden wird die Liebe „begründet": Ein grosses Leiden erfordert eine grosse Liebe, und das Leiden der Menschen ist unendlich gross.

Selbstverständlich könnte man mir entgegenhalten, dass dieses Schuldbewusstsein fehl am Platz, ja womöglich Ausdruck einer psychopathologischen Entwicklung sei. Wer kann schon etwas dafür, was er ist, wie er auf die Welt kam und welche Erfahrungen er oder sie in der frühen Kindheit hatte – Erfahrungen, welche die Entwicklung einer Person bekanntlich wesentlich mitbestimmen. Das mag stimmen, allerdings nicht ganz. Der wichtige Unterschied liegt darin, dass mir das Leiden, das ich während meines Lebens verursacht habe – und das ist eine verifizierbare Tatsache –, jetzt bewusst wird. Und in dem Moment – mit dem ersten Blick von einer anderen Ebene aus, der Ebene der Liebe, auf mein Verhalten als Ursache von Leiden – habe ich „meine Unschuld verlo-

ren". Jetzt weiss ich um das Leiden, und ich weiss, dass ich es mindern kann, wenn ich mich tragen lasse von der Liebe. Von dem Moment an kann ich, darf ich nicht mehr anders. Ich bin zwar alles andere als erfolgreich in der Ausführung dieser wichtigsten Aufgabe während meiner Existenz auf dieser Welt. Ich stürze immer wieder ab, mache Fehlschritte, und dadurch verrate ich diese grosse Erfahrung des Es, die ich als Gnade erhalten habe. Nach jedem Versagen stehe ich aber wieder auf und sitze vor der Leere, jeden Tag aufs Neue. Jeden Tag, jede Stunde ein neuer Versuch. So auch heute, so auch morgen.

Mai 2005

2. Der Mensch lebt vom Sinn

Die gegenstandslose Meditation als der rational begründete Weg auf der Suche nach dem Sinn

Wenn sich der Literaturnobelpreisträger und einflussreiche Philosoph des 20. Jahrhunderts, Albert Camus, in seinem Buch *Der Mythos von Sisyphos* mit der Frage nach dem Sinn des Lebens befasst, sieht er eine unüberwindbare Kluft zwischen dem Schweigen der Welt und dem Menschen, der die Frage nach dem Sinn des Ganzen stellt, die Frage, ob das Leben lebenswert ist. Camus kommt zum Schluss, dass, logisch gesehen, das Leben absurd ist. Unbeeindruckt von diesem logischen Schluss, dass das menschliche Leben ohne Sinn und für unseren Verstand absurd ist, lebt der Mensch in seinem Alltag von Augenblick zu Augenblick vom Sinn.

Der Sinn ist ein elementares Bedürfnis und gibt uns Halt

Unser Gemütszustand und unser Handeln werden ununterbrochen durch die Vorstellung bestimmt, dass das, was wir gerade tun, manchmal mehr, manchmal weniger sinnvoll sei. Das Gefühl des Sinns gibt uns die Energie, auch Dinge zu tun, die anstrengend und unangenehm sind. Der Sinn schenkt uns Freude und Zufriedenheit. So kennen wir es in guten Zeiten. Jeder Mann und jede Frau kennt indes auch Momente der Leere, der Unlust, der Energie- und Antriebslosigkeit, welche häufig darin ihre Ursache haben, dass wir in unserem Tun keinen Sinn sehen, der uns erlauben würde, uns einer Tätigkeit mit Begeisterung zu widmen. Das Gefühl der Sinnlosigkeit kann zu schlechter Laune führen, länger anhaltend aber auch zu Antriebsverlust und Depression. Eine zutiefst empfundene Sinnlosigkeit führt zu Selbstmordgedanken oder -handlungen. Und umgekehrt geht die Erkrankung an Depression meist mit einem Verlust des Lebenssinns einher.

Der Sinn ist im Leben jedes Menschen ein elementares Bedürfnis, bei dessen Abwesenheit die psychische Gesundheit gefährdet ist. Dementsprechend gibt es auch eine psychotherapeutische Richtung, die Logotherapie, welche die Sinnfindung als Therapieziel hat. Der Name leitet sich ab vom griechischen Wort für Sinn (Logos). Der Gründer dieser Therapieschule, Viktor Frankl, hat die grosse Bedeutung des Sinns für die Zufriedenheit und psychische Gesundheit häufig mit einem Zitat von Nietzsche unterstrichen: „Wer ein ‚Warum' zu leben hat, erträgt fast jedes ‚Wie'." Man könnte in Anlehnung an dieses Zitat sagen: „Finde den Sinn, der absolut ist, und du hast den Schlüssel zu einem stets sinnvollen, reichen und damit auch glücklichen Leben." Absolut (von lateinisch absolutus „losgelöst") heisst unabhängig von allen Einflüssen. Seien es schwierige innere Zustände wie Selbstzweifel, Glaubensverlust, Schuldgefühle, psychische und physische Schmerzen oder Belastung durch äussere Ereignisse wie schwere Verluste, unheilbare oder invalidisierende Krankheiten, Enttäuschungen oder Verachtung durch einem wichtige Personen.

Sinn, das Gefühl, einem erwünschten und damit für uns sinnvollen Zweck oder Ziel nachzugehen, gibt uns auch Halt. Häufiger, als uns bewusst ist, stützen wir uns im Alltag nicht auf das, was wir sind oder zu sein meinen, sondern auf kurze und flüchtige Ziele. Gegen Tagesende freue ich[74] mich zum Beispiel bei der Arbeit im Büro auf das Abendessen, weil ich Hunger habe und müde bin; oder ich wasche schnell das Geschirr ab (es muss ja gemacht werden), damit ich mich dann wieder in Ruhe an den Tisch setzen und etwas Wein trinken kann. Hier ist das Ziel die Befriedigung von Bedürfnissen, von Trieben und Lust. Wenn ich mich am Morgen anziehe, mache ich es mit dem Ziel, zur Arbeit gehen zu können. Ich denke dabei schon an die Aufgaben im Büro, die ich erledigen muss. Hier ist die Triebfeder häufig Ehrgeiz. Ehrgeiz, der Wunsch nach Anerkennung, ist ein wichtiger Sinnspender. Von der Anerkennung sowohl durch andere Personen als auch durch meine innere wertende Instanz, die Sigmund Freud das „Über-Ich" nannte, hängt auch unser Selbstwertgefühl stark ab. Um Anerkennung zu erhalten, sind wir bereit, hohe Leistungen zu erbringen, sei es in Form von Helfen und Dienen oder in Form von Macht und Geld, die häufig einen Ersatz für die fehlende Selbstwertschätzung darstellen. Fragen wir, warum für uns Anerkennung so enorm wichtig und erstrebenswert ist, müssen wir feststellen, dass hier die jedem Menschen innewohnende Sehnsucht nach Liebe, die Sehnsucht danach, voll akzeptiert und angenommen zu werden, eine zentrale Rolle spielt.

Rational betrachtet gibt es keinen Sinn

Ziele als Spender von Sinn haben gemeinsam, dass sie sich nicht in der Gegenwart, in der wir unmittelbar leben, sondern in einer mehr oder weniger fernen Zukunft befinden. Dadurch ist das von ihnen gespendete Sinngefühl alles andere als unabhängig von äusseren und inneren Ereignissen. Es kommt immer wieder vor, dass wir unsere Ziele, verschuldet oder unverschuldet, verfehlen, was zu einer Enttäuschung führen kann. Es kann auch sein, dass ich wegen einer psychischen oder körperlichen Krankheit oder bedingt durch die Wirtschaftslage oder andere ungünstige äussere Umstände gar nicht in der Lage bin, Ziele zu erreichen, die ich mir gesteckt habe. Statt Sinn zu spenden, führen derart verfehlte Ziele zum Gefühl der Sinnlosigkeit.

Dadurch, dass sich der Sinn als Ziel in der Zukunft befindet, treten verständlicherweise auch Befürchtungen auf, dass wir ihn nicht erreichen werden. Aufgrund dieser Ängste fangen wir an, uns gegen alle möglichen Ereignisse, welche das Erreichen des Ziels gefährden könnten, zu schützen. Das führt zu Sorgen und Kummer anstelle von Freude und Zuversicht.

Aber auch wenn ich ein Ziel erreiche, verliert es nicht selten gerade dadurch, dass es erreicht worden ist, seine sinnspendende Wirkung, sodass immer wieder neue und höhere Ziele gesucht und angestrebt werden müssen: mehr Macht, mehr Geld, ein noch besserer Mensch werden und so weiter. Es kommt nicht selten vor, dass sich der Mensch unterwegs auf dieser

Leiter zu stets höheren Leistungen auf einmal besinnt und sich die Frage nach dem Sinn des ganzen Strebens stellt. Ist er mit sich selbst ausreichend ehrlich, gelangt er an den Ort, den Camus in *Mythos von Sisyphos* beschreibt: das Gefühl der Sinnlosigkeit und Absurdität des Lebens.

Zu diesem Schluss, dass die menschliche Existenz, rational betrachtet, absurd und sinnlos sei, kamen auch andere grosse Denker; zum Beispiel Salomon, Buddha, Comenius, Kierkegaard, Schopenhauer, Kafka, Heidegger. Salomon drückt es direkt und unmissverständlich aus im Buch Prediger des Alten Testaments: *„Darum verdross mich zu leben; denn es gefiel mir übel, was unter der Sonne geschieht, dass alles eitel ist und Haschen nach Wind."*

Suche nach dem Sinn des Lebens

Oft ist es dieses tiefe Bewusstwerden der Sinnlosigkeit, das dazu führt, dass sich Frauen und Männer auf die Suche nach einem „höheren" Sinn machen, sei es in der Philosophie, in der Religion oder in der Esoterik, die in den letzten Jahren zu einem grossen Markt angewachsen ist. Diese Suche beinhaltet – ähnlich wie zuvor die Leistungen oder Wünsche – ein Ziel, das er oder sie erreichen möchte. Früher oder später – falls sie mit sich selbst ernst und ehrlich sind – erkennen diese Frauen und Männer, dass ein „höherer" Sinn, der unabhängig von inneren und äusseren Ereignissen Halt gibt, nur im eigenen Inneren gefunden werden kann.

Der Mystiker Angelus Silesius sagt: „Mensch, geh nur in dich selbst; denn nach dem Stein der Weisen darf man nicht allererst in fremde Lande reisen."[75] In diesem Vers liegt eine tiefe Wahrheit, die nicht nur spirituell, sondern auch rein rational nachvollziehbar ist. *Ich* muss den Sinn finden. Soll er einen absoluten Halt bieten, unabhängig von den äusseren Umständen und von meiner stets wechselnden Gemütslage, muss der Sinn aus dem Sein selbst, aus dem unmittelbaren Augenblick kommen und nicht aus in unsicherer Zukunft liegenden Objekten oder Zuständen. Nur wenn der Mensch den Sinn in seinem unmittelbaren einfachen Sein erlebt, ist es ein absoluter Sinn, der von allen äusseren Ereignissen und inneren Zuständen unabhängig ist. Will ich den absoluten Sinn finden, muss ich ihn daher dort suchen.

Alle, die sich heute auf die Suche machen, können von grossem Glück sprechen, denn wir leben in einer Zeit, die auf eine lange Tradition dieser Suche zurückblicken kann. Seit dem Beginn der Geschichtsschreibung berichten unzählige Menschen darüber, dass der Sinn, der absolute, von allen und allem unabhängige Sinn, an diesem Ort zu finden ist: im gegenwärtigen Augenblick, im einfachen Sein.

Gegenstandslose Meditation ist ein bewährter Weg auf der Suche nach dem Sinn des Lebens

Es werden verschiedene Wege beschrieben, die zu diesem Ort führen können. Ein durch die Erfahrung von vielen Menschen bewährter und direkter Weg ist die gegenstandslose Meditation. Die Art dieser Meditationsübung lässt sich beinahe direkt von einer einfachen Erkenntnis ableiten: Der Mensch kann den tiefen Sinn seiner Existenz auf dieser Welt nur durch die Erfahrung finden, dass das Leben an sich, das einfache Sein im gegenwärtigen Augenblick, einen tiefen Sinn hat.

Diese Erkenntnis führt zu der Frage, auf welche Weise der Mensch den Sinn im einfachen Sein finden kann. Viele Leute, wahrscheinlich die meisten, kennen den Zustand des einfachen Seins nicht. Das einfache Sein – einfach sein, ohne eine körperliche oder mentale Tätigkeit – wird als Bereich der Langeweile empfunden, und der heutige Mensch fürchtet wenige Dinge im Leben mehr als die Langeweile – jene Zeiten, die er als langweilig empfindet. Diese „Angst" vor dem Sein ohne Beschäftigung oder Ziel – ohne Sinn – ist vermutlich die wichtigste Grundlage, auf der das Wirtschaftssystem unserer Konsumgesellschaft aufgebaut ist. Um Langeweile aus dem Weg zu gehen, ist der Mensch bereit, beinahe jeden Preis zu zahlen und grosse Risiken auf sich zu nehmen.

Der erste Schritt, um den Sinn in dieser Leere zu finden, müsste daher sein, den Zustand des Seins, ohne etwas zu tun und ohne sich in Gedanken mit etwas zu beschäftigen, überhaupt kennenzulernen. Erst dann ist es möglich, in diesem einfachen „Da-Sein" einen tiefen Sinn zu suchen. Wahrscheinlich führten solche oder ähnliche Überlegungen die Menschen vor mehr als zweitausendfünfhundert Jahren dazu, die gegenstandslose Meditation „auszuprobieren".

Jene Frauen und Männer, welche diese Art der Meditation mit Hingabe und Ausdauer über Jahre hinweg jeden Tag anwendeten, stellten fest, dass das Verweilen in dem Zustand des einfachen Seins eine sinnstiftende Wirkung hat. Ursprünglich wurde diese Art der Meditation und ihre Wirkung im Hinduismus und im Buddhismus beschrieben. Heute wird die gegenstandslose Meditation in vielen Religionen als der Königsweg zur Erfahrung der spirituellen Dimension gelehrt und geübt[76]. Die Übung (wie im Kapitel Ausübung der gegenstandslosen Meditation beschrieben) ist einfach und daher allen Menschen ohne besondere Vorkenntnisse zugänglich. Dennoch ist die regelmässige tägliche Praxis nicht leicht, weil sie zu sich selbst führt, durch bis anhin unbekannte und ungeahnte Tiefen hindurch, die einen wichtigen Teil des Inneren der Psyche jedes Menschen bilden. Der Weg ist zudem lang; es wird hier nicht in Tagen oder Wochen, sondern in Monaten und Jahren gerechnet. Auf dem Weg zu bleiben, verlangt deshalb die volle Hingabe und viel Mut und Kraft.

Der Sinn kann nur persönlich durch direkte Erfahrung gefunden werden

Allen Religionen und Schulen, welche die gegenstandslose Meditation als das Herzstück der spirituellen Praxis betrachten, ist gemeinsam, dass sie das Hauptgewicht auf die Übung und nicht auf die Theorie oder das Konzept legen. Die individuelle direkte persönliche Erfahrung ist der einzige Weg. Das Wissen über die spirituelle Wirklichkeit kann nicht durch eine andere Person kommuniziert oder von ihr übernommen werden. Es muss von jeder und jedem direkt erfahren werden.

Gemeinsam ist den verschiedenen spirituellen Wegen weiter die Hervorhebung der Tatsache, dass die Erfahrungen während der gegenstandslosen Meditation individuell ganz unterschiedlich sein können. Es gibt in dem Sinn keinen vorgezeichneten Pfad, auf dem die Meditationsschüler von einem Zwischenziel zum anderen schreiten würden. Obwohl es sich um die eine und damit die gleiche Wirklichkeit handelt, ist die Weise, wie der Weg zu dieser Wirklichkeit erlebt wird, nicht an bestimmte vorgegebene Muster gebunden. Es handelt sich bei der Erfahrung dieser Wirklichkeit immer um etwas Neues und Einmaliges. Ähnlich, wie jeder Mensch auf dieser Welt einmalig ist und ähnlich, wie es unterschiedliche Religionen gibt. Obwohl ihnen als Basis die eine spirituelle Wirklichkeit zugrunde liegt, unterscheiden sie sich im Hinblick auf die Begriffe und Rituale. Diese Unterschiede hängen wahrscheinlich mit dem unterschiedlichen kulturellen Umfeld zusammen, in dem die Stifter der verschiedenen Religionen lebten.

Gemeinsam ist den verschiedenen Schulen, die auf der Praxis der gegenstandslosen Meditation gründen, auch die Erkenntnis, dass die spirituelle Wirklichkeit, die spirituelle Dimension, nicht auf der rationalen Ebene, nicht mit Hilfe des Verstandes, erfahren werden kann. Ich kann zwar mit dem Verstand aufgrund der Erläuterungen in diesem Text erkennen, dass ich den Sinn des Lebens finden kann, nur wenn für mich das einfache Sein, das heisst jeder Augenblick – so wie er ist, noch leer, bevor ihn ein inneres oder äusseres Ereignis füllt –, Sinn macht. Diese rationale Erkenntnis hilft mir allerdings nur bis zu diesem Punkt des theoretischen Wissens. Sie vermag nicht zum Erleben des leeren Augenblicks als gefüllt mit Sinn zu führen. Hier muss die direkte Erfahrung an die Stelle des Verstehens mit dem Kopf treten. Nur das *Erleben* des Sinns erlaubt es mir, den Sinn auch tatsächlich zu finden.

Diese Erfahrung liegt jenseits der Logik, jenseits der Gedanken. Sie ist nur möglich, wenn der Mensch in der Leere des Augenblicks, in der Stille, in der reinen Präsenz, frei von Gedanken und Gefühlen, verweilt. Das ist auch der Grund, warum die meditierende Person aufgefordert wird, das Bewusstsein auf den Atem und schliesslich auf die Leere zwischen den Gedanken und Gefühlen zu fokussieren. Die Gedanken und Gefühle lenken uns von diesem Ort ab. Ohne diese mit Emotionen besetzten Gedanken erleben wir zudem den Augenblick als leer und ohne Sinn, als Langeweile. Es ist aber genau das Verweilen in dieser Leere, die regelmässige Meditationspraxis, die uns zu der Erkenntnis führt, dass nur in dieser Stille ein wahrer Sinn, der immer da ist, verborgen liegt. Es kommt zur Erfahrung des tiefen Sinns, der Liebe, des Friedens und der Freude – einer Erfahrung, die jenseits von Gedanken und Emotionen liegt und alles, was wir bis anhin erlebt haben, bei Weitem übertrifft. Die Leere wird dadurch als Fülle erlebt, als Quelle von tiefem Sinn, Frieden und Liebe.

Unsere Existenz ist aufgehoben in der Liebe

Da unser Verstand stets nach der Ursache von dem, was wir erfahren, fragt, stellt er auch die Frage, woher es kommt, dass der Mensch Zugang zu dieser Erfahrung hat. Die spirituelle Wirklichkeit wird jedoch jenseits des Verstands wahrgenommen und deshalb auch jenseits aller Konzepte, welche auf diese Frage eine Antwort geben könnten. Trotzdem kann ein Konzept – im Wissen, dass die Erfahrung jenseits aller Konzepte liegt – als Stütze im Alltag oder als Kommunikationshilfe nützlich sein. Sämtlichen Berichten über eine tiefe direkte Erfahrung der spirituellen Dimension ist das Erleben einer alles umfassenden Liebe gemeinsam[77]. Sie ist es, die jedem Augenblick einen tiefen Sinn verleiht. Die Erfahrung kommt in der Stille, wenn alles schweigt, wenn unsere Gedanken, unsere Gefühle, unsere Erwartungen, mit denen sich unser Ich identifiziert, verstummt sind. Wenn alles schweigt, wenn wir alles, was wir als Person zu sein meinen, ablegen, bleibt das, was unser wahres Wesen ist, worin wir als Menschen aufgehoben sind. Wir könnten deshalb sagen, dass der Mensch diese Erfahrung machen kann, weil unsere Existenz als Menschen in der Liebe aufgehoben ist. Wenn wir Gott als das Allumgreifende[78] verstehen, können wir aufgrund dieser Erfahrung verstehen, warum es in der Bibel heisst: „Gott ist die Liebe"[79].

Die meditierende Person kann diese Erfahrung allerdings nicht kontrollieren oder willentlich herbeiführen. Sie wird als Geschenk empfunden. *Es* geschieht. Bei der Übung der gegenstandslosen Meditation geht es daher nicht darum, etwas aktiv zu erreichen, es geht darum, im Augenblick, in der Stille zu verweilen. Nur so kann diese andere Ebene, welche jedem Augenblick einen tiefen Sinn verleiht, erreicht werden – nicht durch den Verstand oder durch Willenskraft.

Die Erfahrung der spirituellen Dimension ändert auch mein Verhalten im Alltag

Im Erleben des Sinns im einfachen Sein nehme ich auch wahr, dass er immer da ist, dass diese Wirklichkeit meine Person und die Weltzeit überschreitet – transzendiert. Diese Wirklichkeit ist da, unabhängig davon, ob ich sie in der Zeit erlebe oder nicht. Diese Erfahrung, dieses auf einem direkten Erleben basierende Wissen, führt dazu, dass sich auch mein Alltag ändert. In der Regel indes nicht spektakulär. Spektakuläre Änderungen sind nicht selten durch das Ego überschattet, welches dann auch die spektakuläre Partitur spielt.

Ich lebe im Alltag weiter mit meinen kleinen Zielen als Stütze. Meine Grundhaltung erfährt jedoch eine radikale Änderung. Die Erfahrung der Ebene des Seins ist so überwältigend, dass ich auch im Alltag um diesen tiefen Sinn weiss. Dieser Sinn, der in der Leere, in der einfachen Präsenz, „im Nichts" verankert ist, gewährt ein Fundament, das einen absoluten, von den in der Weltzeit aufkommenden und mir begegnenden Ereignissen unabhängigen Halt gibt. Ich bin kein besserer Mensch geworden und sicher kein Heiliger. Und doch ist mein Sein in dieser Welt grundlegend anders, weil es auf einer anderen Grundlage steht.

Und der Weg geht weiter; jeden Tag übe ich die gegenstandslose Meditation, um in der Stille der Meditation mit der Leere in Berührung zu kommen, in der ich mich und die Welt klar sehen kann mit den Augen der Liebe. Nicht als Suche nach dem Sinn. Auf dieser Suche bin ich angekommen. Ich zweifle oder verzweifle zwar immer wieder. Ich sehe, womöglich mit noch grösserer Deutlichkeit, die durch Camus aus der Sicht der Verstandeslogik beschriebene gähnende Abwesenheit von Sinn in der menschlichen Existenz. Ich weiss aber auch, dass der Sturz in diesen bodenlosen Abgrund in der Leere des Augenblicks endet, die einen absoluten Halt gibt. Das Ziel des Weges ist nicht mehr Suchen, sondern Leben, das Leben der Werte, die im einfachen Sein als Geschenk wahrgenommen werden; allen voran die Liebe zu allem und allen. Je mehr und je länger ich mit ihnen in Berührung komme, umso mehr kann ich sie auch im Alltag leben – und dadurch mit ihnen auch dort in Berührung bleiben.

3. Das Gebet im Geist und in der Wahrheit

Die gegenstandslose Meditation als der spirituelle Weg der christlichen Mystik[80]

Das Evangelium von Jesus

Das Christentum, so wie es in den Evangelien des Neuen Testaments beschrieben wurde, ist keine Ideologie, die mittels einer Revolution oder einer Organisation, wie zum Beispiel der Kirche, umgesetzt werden soll. Es ist eine individuelle „Botschaft", die sich nicht an die Massen richtet, sondern an den Einzelnen[81].

Es ist auch nicht eine Anleitung, die zu einer Verbesserung des Verhaltens führen soll. Im Johannesevangelium steht: „Ihr müsset von Neuem geboren werden" (Joh. 3, 7). Das heisst, es wird von mir nicht verlangt, dass ich mich verbessere, dass mein Ich zu einem sich stets richtig verhaltenden und absolut reinen Heiligen wird. Es geht um eine neue Dimension, um ein neues „Leben", das entstehen soll. Zu einer neuen Geburt gehört auch der Tod des Alten. Deshalb heisst es: „Wer versuchen wird, sein Leben zu erhalten, wird es verlieren, wer es aber verliert, wird es erhalten" (Luk. 9, 24). Ich soll nicht an meinem Ich feilen in der Absicht, Schlechtes krampfhaft zu verbessern, bis ein neues Ich dasteht. Es geht um eine radikale Änderung: Das Alte muss sterben, das Neue wird geboren.

Das Neu-geboren-Werden aus dem „Geiste" ist ein Prozess, den ich nicht willentlich beeinflussen kann

(„Der Wind bläst, wo er will, und du hörst sein Sausen wohl; aber du weisst nicht, woher er kommt und wohin er fährt. So ist ein jeglicher, der aus dem Geist geboren ist." Joh. 3, 8). Ein Willensakt war zwar notwendig, als ich mich für Gott[82] entschieden habe, Gott als den einzigen festen Punkt anerkannte. Habe ich mich entschieden, ist das oberste, das „vornehmste" Gebot – das, was ich in erster Linie anzustreben habe –: „Liebe Gott." Das zweite Gebot, das sich aus dem ersten ergibt, lautet: „Liebe deinen Nächsten wie dich selbst" (Mt. 22, 37–39). Das dritte dann: „Liebe deine Feinde" (Mt. 5, 44).

Diesen Weg zu gehen ist nicht einfach. Er ist mühselig, durch viele Enttäuschungen gekennzeichnet und lang. Bald nach meinem Entscheid, für Gott zu leben, Gott zu lieben, den Nächsten zu lieben, merke ich, dass ich diesen Entscheid in meinem Leben nicht umsetzen kann. Nicht einmal in meinen Gedanken. Das ist so bei jedem Menschen, bei jedem Mann, bei jeder Frau. Der Mensch ist ohne Gotteseinwirkung – wir würden heute sagen: ohne sich auf eine nicht-rationale, „geistige" Ebene zu begeben – nicht fähig, diesen Weg zu gehen. Und diese „geistige" Ebene kann nur erreicht werden, wenn ich bereit bin, mein Leben aufzugeben, das heisst, alles, was ich bin und habe, für diesen Weg einzusetzen. Doch auch dann kann ich selber nichts bewirken, komme mit gutem Willen nicht weiter.

Das innere Gebet

Hilfe kommt mir im Gebet zu. Das Lesen und Hören von Predigten und Exegesen ist sehr wichtig und gut. Um neu geboren zu werden, muss aber der Geist Gottes in mir wirken, und diese Wirkung wird durch die Zuwendung zu Gott möglich. Im Gebet bin nur ich vor Gott. Bei einer Predigt ist noch die dritte Person da. Ich kann daher nicht sicher sein, dass alles, was ich hier erhalte, von Gott kommt. Es gibt Prediger und Lehrer, die viele Jünger haben, nicht aber Gottes wegen, sondern weil sie durch die eigene Person die Menschen faszinieren.

Im Gebet, allein mit Gott, ist das, was ich erfahre, entweder Gott oder ich. Damit es Gott sein kann und nicht ich, muss ich versuchen zu schweigen, meine Geistestätigkeit möglichst zurückzuhalten. Erst wenn mein Geist arm ist (Mt. 5, 3), das heisst, wenn ich mich ganz zurückziehe in eine Leere, wo ich nur Gott suche, kann ich Gott vernehmen. Das geschieht am einfachsten in Form der gegenstandslosen oder objektfreien Meditation[83], die in der Tradition der christlichen Mystik häufig Kontemplation[84] genannt wird.

Die „Verbindung mit Gott" kann nicht durch unsere Gedanken und Gefühle, stattfinden. Im Johannesevangelium steht: „Gott ist Geist, die, welche zu Gott beten, müssen im Geist und in der Wahrheit beten" (Joh. 4, 23). Das Gebet zu Gott muss daher auf der „geistigen", das heisst auf der spirituellen, und nicht auf der intellektuellen, gedanklichen oder willentlichen Ebene stattfinden. Es muss auf der Ebene der direkten Erfahrung des „Geistes" stattfinden, dieses Absoluten, welches sich jenseits des Verstandes, jenseits der Gedanken und Worte befindet. Die Voraussetzung, unter der diese Erfahrung stattfinden kann, ist die „Leere des Herzens", die Offenlegung des Grundes während der Meditation. In der „Bergpredigt", die in den Evangelien wiedergegeben ist, sagt Jesus deshalb: „Selig sind, die reinen Herzens sind; denn sie werden Gott schauen" (Mt. 5, 8).

Dies geschieht nicht über den Kopf, über den bewussten Willen, es geschieht unbewusst; es wird nicht vom Menschen gemacht, es muss „ihm geschehen". Deshalb sagt Jesus im Johannesevangelium: „Der Wind bläst, wo er will, und du hörst sein Sausen wohl: Aber du weisst nicht, woher er kommt und wohin er fährt" (Joh. 3, 8). Der Anfang der Meditation muss allerdings durch eine aktive, willentlich steuerbare psychische Funktion ausgelöst werden. Der Mensch muss sich dazu entschliessen zu meditieren. Dieser Entschluss und der Beginn des Betens müssen deshalb auf der bewussten Ebene – das heisst auf einer anderen Ebene als das eigentliche innere Gebet – stattfinden: durch die aktive inhaltsfreie Wachheit, bei der unser Bewusstsein auf nichts oder auf den Atem fokussiert ist.

Diese stille inhaltsfreie Präsenz macht (auf einer unbewussten Ebene) den Grund frei für die Verbindung mit Gott. Da aber die Schicht von Erinnerungen, Gefühlen und Wünschen, die den Grund des Herzens bedecken, sehr dick ist, braucht es zu Beginn meist eine lange Zeit (Wochen, Monate, Jahre), bevor ein Mann oder eine Frau die erste Erfahrung des absoluten Friedens, der Verbindung mit dem Ewigen macht. Wenn sie sich einstellt, wird sie wie erwähnt nicht als Erreichen eines Ziels, sondern als Geschenk und Gnade wahrgenommen.

Und wenn ich diese Übung lange genug jeden Tag regelmässig durchführe, wird Gott zu mir sprechen. Zu jedem und jeder in einer anderen Weise, da es hier um eine individuelle Beziehung zwischen Gott und der Person geht. Bei jedem und jeder wird jedoch Gottesliebe strömen, wird Gottesfriede strahlen.

Die in diesem Buch beschriebene gegenstandslose Meditation ist sicher nicht die einzige Möglichkeit, sich Gott direkt zuzuwenden und unmittelbar die Liebe und den Frieden Gottes zu erleben. Sie ist jedoch nach Aussagen von Lehrern und Meistern der sichere Weg, den jeder Mensch gehen kann.

Erst wenn ich die Liebe Gottes selbst erfahren habe, kann ich Gott wirklich lieben: ohne jeden Vorbehalt, ohne jeden Willen, aus „ganzem Herzen". Von der Liebe, mit der Gott mich liebt, bin ich dermassen überwältigt, dass ich nicht anders kann, als ihn zu lieben. Ich weiss dann: Gott liebt mich; ich bin da, am richtigen Ort. Nicht weil ich etwas bin oder etwas getan oder nicht getan habe, nur weil ich einfach da bin, weil Gott ist und mich liebt, weil ich Gott liebe. Ich bin mit Gott, ich bin richtig, Gott liebt mich, ich liebe Gott.

Nach der Meditation wieder im Alltag zurück, stellt jeder und jede allerdings fest, dass er, dass sie das Leben nicht viel besser meistern kann als zuvor. Und selbst wenn der Mensch nach weiterer jahrelanger Übung immer besser imstande ist, Gottes Liebe und Gottes Gegenwart auch im Alltag zu empfinden, weiss er und sie, dass ein Versagen immer möglich ist, da wir „den Schatz", den wir von Gott empfangen haben, in einem „irdischen Gefäss" tragen (2. Kor. 4, 7).

Ich versage immer wieder. Während Tagen können die Momente, in denen ich Gottes Liebe wahrnehme und das Gefühl habe, ich liebe Gott, und ich liebe die Nächsten wie mich selbst, sehr selten sein oder ganz fehlen. Immer wieder falle ich auf mein altes Ich zurück. Meine Ohnmacht bringt mich zur Verzweiflung. Was kann „ich Armer" nur dagegen tun?

Nach einiger Zeit komme ich vielleicht zum Schluss, dass ich es wahrscheinlich aufgeben muss. Das kann ich aber nicht, habe ich doch erfahren, dass Gott das Fundament ist, auf welches ich falle, nachdem ich alles aufgegeben habe, nachdem alles, was mir vermeintlich Halt gegeben hat, verloren gegangen ist. Wenn ich aufgebe, ende ich also wiederum bei Gott.

Der Mensch soll sich stetig bemühen, so zu leben, dass es Gottes Gerechtigkeit entspricht.[85] Viel wichtiger ist allerdings, dass der Mensch weiss, dass die Liebe Gottes immer da ist. Sie ist auch im Alltag da, selbst wenn mein Ich sich nicht richtig verhält. Gott liebt mich, das ist eine Tatsache, die ich in manchen Augenblicken, vor allem während des Gebets, unmittelbar und überwältigend empfinden kann. Dass mich Gott liebt, gilt aber nicht nur dann als Tatsache, wenn ich dies unmittelbar empfinde.

Auch diese Erfahrung muss jeder und jede individuell machen, und es kann wiederum lange dauern, bis – nach der ersten direkten Erfahrung der Liebe Gottes während des Gebets – diese Gnade empfangen wird: die Gewissheit, dass Gottesliebe da ist, immer da ist. Die Gewissheit, dass es nicht darum geht, ein anderes Ich zu wollen, ein besserer Mensch – eine bessere Frau, ein besserer Mann – sein zu wollen, sondern darum, Gott zu lieben. Gott zu lieben, weil er mich liebt.

Liebe

Aus dieser Erkenntnis erwächst auch eine innere, das heisst spontane und unmittelbare Liebe zum Nächsten. Die Gewissheit, dass mich Gott liebt, ununterbrochen, nicht nur während des Gebets, sondern auch im Alltag, dass er da ist mit seiner Liebe – auch wenn ich nicht an ihn denke, auch wenn ich „sündige" –, führt zur Erkenntnis, dass Gott die anderen Menschen genauso liebt, wie er mich liebt. Dass ihm die anderen Menschen genauso wichtig sind, wie ich es ihm bin. Ich kann daher gar nicht anders, als die Anderen genauso zu lieben, wie ich mich liebe, sie sind mir genauso wichtig, wie ich es mir selber bin.

Diese Liebe hat ihren Ursprung in Gott. Gott liebt mich; das ist auch der Ursprung meiner Liebe („Darin besteht die Liebe: Nicht, dass wir Gott geliebt haben, sondern dass er uns geliebt hat." 1. Joh. 4, 10) Mit der gleichen Liebe, mit der mich Gott liebt, liebe ich Gott, und durch Gott, mit Gott, liebe ich mich und die Anderen.

Das ist die Bedeutung der von Jesus als die zwei wichtigsten bezeichneten Gebote, und deshalb muss das erste Gebot dem zweiten vorausgehen: 1. „Du sollst lieben Gott, deinen Herrn, von ganzem Herzen, von ganzer Seele und von ganzem Gemüte." 2. „Du sollst deinen Nächsten lieben wie dich selbst." (Mt. 22, 37–39) Das erste Gebot ist das Wichtigste; mit dem zweiten kann ich hier in der Zeitlichkeit Gottesliebe geschehen lassen und sehen, wie es um meine Liebe zu Gott steht. „Wenn jemand spricht: ‚Ich liebe Gott', und hasst seinen Bruder, der ist ein Lügner. Denn wer seinen Bruder nicht liebt, den er sieht, der kann nicht Gott lieben, den er nicht sieht." (1. Joh. 4, 20)

4. Der Weg des Vertrauens
Die gegenstandslose Meditation als der Weg im Vertrauen zum Vertrauen

„Wenn wir achtsam sind, sind wir wachsam und können Liebe als Urgrund des Seins erfahren."
Louise Reddemann[86]

„(...) unsere eigentliche Natur (ist) zugleich lokaler und unendlicher Ausdruck von Weisheit und Liebe."
Jon Kabat-Zinn[87]

„Die Stille ist voller Liebe und Mitgefühl."
Larry Rosenberg[88]

„There is no silence without love."
Jiddu Krishnamurti[89]

„Die Flöte des Unendlichen wird ohne Ende gespielt, und ihr Ton ist Liebe."
Kabir[90]

„Gott ist Liebe, und wer in der Liebe bleibt, der bleibt in Gott und Gott bleibt in ihm."
Die Bibel[91]

„Ich habe drei Schätze, die ich schätze und hüte: Der eine ist die Liebe, der zweite ist die Genügsamkeit, der dritte ist die Demut. [...] Wen der Himmel retten will, den schützt er durch die Liebe."
Laotse[92]

Was ist den Autorinnen und Autoren dieser Texte gemeinsam? Es gibt und hat seit den Anfängen der Menschheitsgeschichte zu allen Zeiten und in verschiedenen Kulturen Frauen und Männer gegeben, die wissen, dass sie im tiefsten Grunde ihres Seins aufgehoben sind. Dieses Wissen gründet nicht auf dem Glauben an eine bestimmte religiöse oder spirituelle Lehre, sondern auf ihrer eigenen Erfahrung; so haben sie es erlebt. Der Name, mit dem sie diese Erfahrung häufig beschrieben haben, war Liebe. Liebe als bedingungslose Annahme, als ein „Ort", an dem ich[93] als Mensch weiss, dass ich aufgehoben bin. In verschiedenen Texten wird diese Erfahrung auch mit anderen Worten beschrieben, zum Beispiel mit Freiheit, Frieden, Wahrheit oder Leben. Eine Qualität, die jedem Menschsein einen tiefen Sinn gibt. Die Erfahrung eines absoluten Vertrauens, eines Halts, der auch in der tiefsten Verzweiflung da ist.

Diese Frauen und Männer glauben, dass das, was sie erfahren haben, auch anderen Menschen zugänglich ist, dass das Leben aller Menschen im tiefsten Grunde ihres Seins in der Liebe aufgehoben ist.

Einige verkündeten diese „gute Nachricht" und luden andere Menschen ein, einen Weg zu gehen, der zu dieser Erfahrung führt. Dieser Weg könnte als ein Weg im Vertrauen zum Vertrauen bezeichnet werden: Damit ich ihn antrete, muss ich dem, was diese Personen berichten, vertrauen; auf dem Weg wird das Vertrauen durch meine eigene Erfahrung gestärkt und vertieft. Er führt dann schliesslich zum absoluten[94], das heisst von meinen stets wechselnden inneren Zuständen und von äusseren Lebensumständen unabhängigen, Vertrauen in diesen Urgrund, in dem ich aufgehoben bin.

Das anfängliche Vertrauen, das dahin führt, dass ich mich für den Weg entscheide, ist häufig damit verbunden, dass mich die Nachricht anspricht. Ich spüre in mir eine Resonanz, wenn ich die eingangs erwähnten Zitate lese, weil etwas in mir diese Liebe kennt. Oder ich sehe, dass es in meinem Leben in dieser Welt keinen Halt gibt, und suche – in tiefer Verzweiflung vielleicht – nach etwas, was dem Menschen einen sicheren Boden gibt. Eine dritte Möglichkeit für den Entscheid, den Weg anzutreten, kann auch Lust auf Neues sein, Neugier, oder das Bedürfnis, möglichst viele Dimensionen der menschlichen Existenz während des eigenen Lebens zu erfahren.

Der Grund oder die Motivation, aus der ich den Weg antrete, ist weniger wichtig als der Entscheid, dass ich ihn gehen will.

Wohin führt der Weg?

Er führt zu mir. Einen Ort, der unabhängig von äusseren Umständen und von meiner inneren Befindlichkeit Halt gibt, kann ich nicht draussen finden, bei anderen Menschen, Institutionen, Religionsschulen oder bestimmten Lebensbedingungen. Ein Halt, dem ich immer vertrauen kann, muss in mir sein. Sonst ist er nicht von Umständen und anderen Menschen unabhängig.

Der Weg beginnt, wenn ich dem, was diese Frauen und Männer berichten, Vertrauen schenke. Sie haben erfahren, dass dieser Ort zu ihrem Menschsein gehört, zur Existenz als Menschen in dieser Welt. Ich bin ein Mensch. Was sie sagen, bedeutet daher, dass es diesen Ort auch in meinem Inneren gibt. Schenke ich ihnen Vertrauen, so glaube und vertraue ich darauf, dass mein Urgrund, in dem ich aufgehoben bin, Liebe ist – die bedingungslose Annahme.

Was heisst glauben, Vertrauen schenken?

Was heisst nicht glauben, kein Vertrauen haben? Es gibt prinzipiell drei Gründe, etwas nicht zu glauben.

Ich habe es entweder überprüft und habe durch direkte eigene Erfahrung oder durch Informationen aus einer Quelle, der ich mein Vertrauen schenke, festgestellt, dass es nicht der Wirklichkeit entspricht. Wenn ich zum Beispiel irgendwo lese, dass der offizielle Buddhismus nie aktiv Gewalt angewendet habe (im Gegensatz etwa zu christlichen Geistlichen, die Kriege unterstützten, Mitmenschen folterten und auf dem Scheiterhaufen verbrennen liessen), glaube ich es nicht, weil es eine historische Tatsache ist, dass auch im Buddhismus mit Gewalt – zum Teil mit grausamen Methoden – gegen andere Menschen vorgegangen wurde.[95]

Handelt es sich bei dem, was ich nicht glaube, um etwas, das nicht überprüfbar ist, heisst es, dass ich etwas anderes glaube, das mit dem, was ich nicht glaube, nicht vereinbar ist. Wenn ich zum Beispiel von einem buddhistischen oder hinduistischen Gelehrten höre, dass zum menschlichen Leben nach dem Tod auch eine Wiedergeburt in dieser Welt gehöre, glaube ich es vielleicht nicht, weil ich aufgrund der Tradition, in der ich aufgewachsen bin, oder aufgrund meiner Weltanschauung überzeugt bin, dass es Reinkarnation nicht gibt.

Nicht glauben, kein Vertrauen schenken, kann sich schliesslich aus meiner Erfahrung mit der Informationsquelle ergeben. Wenn mir zum Beispiel jemand schon viermal versprochen hat, Tickets für einen Champions-League-Match zu besorgen, und es nie getan hat, werde ich ihm das fünfte Mal wahrscheinlich nicht glauben.

Glauben und Vertrauen schenken, das setzt voraus, dass keiner der drei aufgeführten Gründe, etwas nicht zu glauben, vorliegt. Es sollte demnach erstens keinen Grund geben, daran zu zweifeln, dass es diese Menschen gegeben hat und dass die Zitate von ihnen stammen. Hier handelt es sich um Tatsachen, die ohne Weiteres überprüft werden können, zumal einige dieser Personen heute noch leben.

Zweitens würde es heissen, dass wir keinen Grund haben zu denken, diese Frauen und Männer würden über Erfahrungen berichten, die nicht stattgefunden haben – sie hätten sozusagen wissentlich gelogen. Es gibt jedoch keinen Anlass zur Annahme, die Berichte seien nicht authentisch. Es handelt sich um Menschen, welche durch ihre Lebensführung sowohl ihre Integrität als auch ihre Realitätsnähe und Bodenständigkeit bewiesen haben. Zudem spricht ihr hoher Grad an Selbsterkenntnis auch gegen die Annahme, ihre Erfahrungen des Urgrunds des Seins seien eine Selbsttäuschung oder das Resultat einer Autosuggestion. Auch sie sind indes keine Heiligen, sondern Menschen mit menschlichen Schwächen und Fehlern. Im Vergleich mit anderen Frauen und Männern zeichnen sie sich allerdings dadurch aus, dass sie ihre Schwächen sehen, sich von diesen nicht abwenden, sondern sie als einen Teil der menschlichen Existenz anerkennen.

In diesem Sinn besteht kein Grund, den eingangs aufgeführten Zitaten nicht Glauben zu schenken.[96] Jedenfalls nicht, was die persönliche Erfahrung betrifft. Wenn diese Frauen und Männer darüber berichten, was sie selber erfahren haben, gibt es keinen Grund, ihnen nicht zu glauben. Sofern ihre Berichte allerdings das Wissen vermitteln, dass dieser Urgrund, in dem sie aufgehoben sind, zum Menschsein gehört und damit auch durch alle anderen Frauen und Männer erfahren werden kann, handelt es sich um eine Behauptung, die über ihre persönliche Erfahrung hinausgeht.

An diesem Punkt beginnt der Weg: Nur wenn ich den Weg gehe, kann ich diese Behauptung – dass es zum Menschsein gehört und es auch andere Menschen erfahren können – für mich überprüfen. Oder er beginnt nicht. Dann entscheide ich mich, den Weg nicht zu gehen.

Es gibt ausreichend Gründe, den Weg nicht zu gehen

Der Weg braucht Zeit und Ausdauer. Entscheide ich mich für diesen Weg, werde ich jeden Tag mindestens eine halbe, wahrscheinlich eine Stunde „verlieren"; das heisst täglich eine Stunde weniger für Arbeiten, Spielen, Kunst, Geniessen oder Nachdenken zur Verfügung haben.

Der Weg ist lang. Will ich ihn gehen, muss ich wissen, dass die Zeit nicht in Tagen oder Wochen gezählt wird, sondern in Jahren.

Der Weg kann durch schwierige Phasen führen. Es ist ein Weg zu mir. Je länger ich ihn gehe, umso besser lerne ich mich kennen. In meinem Inneren begegne ich all dem, was ich aussen, bei anderen Menschen, verurteile. Das auszuhalten und auf dem Weg zu bleiben, kann sehr schwer sein.

Aus diesen drei Gründen wenden sich auch Frauen und Männer von dem hier beschriebenen Weg ab, die grundsätzlich dem spirituellen Weg zugeneigt sind.[97]

Was sind die Gründe, den Weg zu gehen?

Der Weg führt gemäss den Berichten von Frauen und Männern, die ihn gegangen sind, zu der wichtigsten Erfahrung unseres Lebens schlechthin. Eine Erfahrung, die uns den eigentlichen Sinn unseres Lebens in dieser Welt direkt wahrnehmen lässt.

Die Begegnung mit dieser Dimension der menschlichen Existenz wird mit der Suche nach einem Schatz, einem Diamanten oder einer Perle, verglichen, deretwegen der Mensch bereit ist, alles aufzugeben. Verglichen wird sie auch mit der Geburt eines Kindes. Viele Eltern erfahren dabei eine bis anhin unbekannte Freude und Glückseligkeit, die sie sich rational nicht erklären können. Die Geburt eines Kindes lässt in ihnen ein intensives Gefühl aufkommen, dass das Leben Sinn macht. Dies hängt mit der Tatsache zusammen, dass biologisch gesehen der Sinn jedes Lebewesens darin besteht, seine Art zu erhalten. Mit der Geburt eines Kindes erfüllen die Mutter und der Vater diese Aufgabe. Sie macht ihr Leben sicher nicht bequemer und einfacher, spendet aber einen tief empfundenen Sinn.

Unsere Existenz als Menschen beschränkt sich jedoch nicht auf die biologische Dimension. Wäre es so, müsste unsere Lebensspanne nicht mehr als vierzig oder fünfzig Jahre betragen. Dann sind die Kinder in der Regel erwachsen und können für sich und ihre Nachkommen selber sorgen. Ähnlich wie „die biologische Aufgabe" eines auf dieser Erde lebenden Menschen darin besteht, neuen Menschen Geburt zu schenken und sie als Kinder zu hegen, ist der Sinn meiner

Existenz als Mensch auf der spirituellen oder existenziellen Ebene – man könnte sagen, „meine spirituelle oder existenzielle Aufgabe" –, die Liebe als Urgrund meines Seins und des Seins aller Menschen zu erfahren. Liebe als bedingungslose Annahme und Mitgefühl, das höchste Gut, das wir als Menschen kennen.

Auf diesem Weg komme ich zu mir. Ich werde das, was ich als Mensch im tiefsten Grunde bin. Ich finde dort einen absoluten Halt und eine Antwort auf die existenziellen Fragen des Menschseins. Das Ziel ist nicht ein Ort irgendwo bei einem Guru oder in einem Land, wo ich im Nirwana lebe, sondern „ein Ort" in mir, die Erfahrung des absoluten Vertrauens in den Urgrund, in dem ich aufgehoben bin. Erfahre ich dieses Vertrauen in mir, habe ich auch Vertrauen in mich als Mensch, der jetzt hier in der Welt lebt. Man könnte sagen, ich habe dann ein absolutes Selbstvertrauen. Absolut deshalb, weil es nicht auf einem Konzept beruht und auch nicht auf irgendwelchen Fähigkeiten, die ich habe, sondern auf der direkten Erfahrung dessen, was ich im Grunde bin.

Dieser „Ort" ist auch der Ursprung ethischer und moralischer Werte, die ich durch die Tradition, in der ich aufgewachsen bin, kennengelernt habe. Die ethischen Werte können nicht rational abgeleitet werden. Karl Popper, ein führender Philosoph des 20. Jahrhunderts, meint sogar, dass jede rationale Diskussion oder Handlung, einschliesslich der Naturwissenschaft, ethische Prinzipien voraussetzt, welche rein rational nicht fassbar sind.[98] Daher spricht Immanuel Kant, wenn er die „praktische", in der Praxis anwendbare Philosophie abhandelt, von einem „kategorischen Imperativ": etwas, das wir überliefert erhalten haben, das wir in uns als Menschen finden. Dieser Imperativ findet sich in der einen oder anderen Form in mehr als zweitausend Jahre zurückliegenden Berichten über wichtige spirituelle Erfahrungen[99].

In der spirituellen Dimension werden die ethischen und moralischen Grundwerte in ihrem Ursprung erfahren. Bei der Erfahrung dieses Urgrunds komme ich in Berührung mit dieser Dimension und auch mit dem Ursprung von Ethik und Moral. Sie sind für mich dann nicht Gebote oder Verbote, sondern Werte, die ich nach dieser Erfahrung, soweit ich kann, auch leben will.

Was hindert mich am absoluten Vertrauen?

Hätte ich ein absolutes Vertrauen in das, was ich als Mensch in meiner Existenz in dieser Welt bin, könnte ich auch den Grund in mir, den Urgrund des Seins, erfahren, in dem ich und alle Menschen aufgehoben sind. Der Urgrund ist da. Das meint Louise Reddemann, wenn sie sagt: *„[...] und können die Liebe als Urgrund des Seins erfahren"*. Das meint Krishnamurti im eingangs angeführten Zitat *„There is no silence without love."* Wenn wir ganz bei uns sind, in der Stille des Augenblicks, erfahren wir die Liebe. Das meint Jesus, wenn es heisst: *„Selig, die ein reines Herz haben; denn sie werden Gott schauen."*[100] Das meint auch Gangaji mit dem Titel ihres Buchs *Der Diamant in deiner Tasche.*[101] So hat sie es erfahren. Trotzdem hatte sie einen langen Weg zurückzulegen, bis sie den Diamanten fand.

Warum braucht es diesen langen Weg? Was hindert mich daran, absolutes Vertrauen in diesen Urgrund, letztlich in mich, zu haben? Wieso habe ich dieses Vertrauen nicht?

Absolutes Vertrauen bedeutet das Ablegen jeder Verstellung, jeder Unehrlichkeit mir selbst gegenüber. Hätte ich restloses Vertrauen in mich, müsste ich mir nichts vormachen.

Ich könnte mich ganz unvoreingenommen so sehen, wie ich bin. Ich sehe mich aber fast nie so, wie ich bin. Ich bin mir gegenüber alles andere als unvoreingenommen. Genauso wie ich Personen, die mir nahe und wichtig sind, nicht unvoreingenommen sehen kann – ich sehe zum Beispiel meine Kinder anders als die Kinder des Nachbarn –, kann ich auch mich selber nicht unvoreingenommen sehen. Es steht zu viel auf dem Spiel. Es geht um mein „Image", darum, wie ich mich sehe, was ich zu sein glaube, um mein Selbstwertgefühl.

Bei jedem Menschen gibt es Dinge, die er oder sie weiss und dennoch regelmässig erfolgreich ausblendet. Denn ich will oder kann nicht wahrhaben, dass sie ein Teil von mir sind. Ich weiss zum Beispiel, dass ich neben Mitleid auch etwas Schadenfreude empfinde, wenn ich erfahre, dass ein Arbeitskollege, mit dem ich befreundet bin, aber auch in einem Konkurrenzverhältnis stehe, schwer erkrankt ist. Wenn ich tief in mich hineinschaue, kann ich, wenn nicht Schadenfreude, dann doch vielleicht ein angenehmes Gefühl, den Konkurrenten loszuwerden, in meinem Inneren entdecken. Kann ich es nicht sehen, heisst das, dass ich entweder nicht tief genug hineinschaue oder dass ich sehr erfolgreich beim Vergraben oder Verdrängen dieser Gefühle war.

Durch meine Erziehung weiss ich, dass solche Gefühle schlecht sind, doch ich will – wie im Grunde jeder und jede – ein guter Mensch sein. Ich verdränge deshalb diese Gefühle und will sie nicht wahrhaben, um kein schlechter Mensch zu sein. Wenn ich dieses Verdrängen über Jahre ausübe, wird es zu einem Muster, zu einer Konditionierung, die zu einem grossen Teil unbewusst abläuft.

Dieses Beispiel mag für einige stimmen, für andere nicht. Der Vorgang, der dadurch illustriert wird, ist allen Menschen eigen: das wiederholte Verdrängen von Gefühlen, die während ihrer Sozialisation als „nicht gut" gewertet wurden, bis dieses Verdrängen zu einer unbewussten Konditionierung geworden ist.

Das Beispiel beschreibt ein Verhaltensmuster, das zwar meist unbewusst abläuft, bei tieferer Einsicht aber erkannt werden kann. Ähnliche, im Laufe des Lebens erlernte Muster können vollständig bewusst ablaufen und andere, bei denen die Verdrängung sehr tiefgreifend war, bleiben, auch wenn ich tiefer in mein Inneres schaue, unbewusst. Unzählige solche Muster, auf allen drei Ebenen der Bewusstheit, gehören zu unserer Konditionierung als Menschen. Sie sind sowohl durch Veranlagung als auch durch Erziehung und andere Formen der Sozialisation entstanden.

Wir könnten uns die Frage stellen, wieso der Mensch diese Muster entwickelt und sie auch hütet, obwohl sie ein Hindernis darstellen auf dem Weg zur wichtigsten Erfahrung, die wir während unserer Existenz in dieser Welt machen können.

Einerseits ergibt sich diese Konditionierung daraus, dass wir darauf angewiesen sind, in Gemeinschaft mit anderen Menschen zu leben. Nur wenn wir lernen, aggressive Impulse nicht auszuleben, kann eine Gemeinschaft existieren. Das Erlernen dieser Verhaltensmuster ist so gesehen eine notwendige Bedingung für die Existenz der menschlichen Zivilisation, wie wir sie kennen.

Andererseits macht das Verdrängen von Gefühlen und Impulsen, welche durch die Gemeinschaft abgelehnt werden, unser Leben einfacher und angenehmer. Ich kann mich als guten Menschen sehen oder wenigstens als einen nicht sehr schlechten.

Der erste Schritt, sich unvoreingenommen zu sehen, müsste daher sein: zu sehen, dass ich voreingenommen bin. Weil ich voreingenommen bin und es tief in meinem Inneren weiss, kann ich nicht bedingungsloses Vertrauen in mich haben. Das fehlende Vertrauen „versperrt mir den Zugang" zu diesem Urgrund.

Die Brille ablegen

Es ist, als ob wir eine Brille tragen würden, welche die Welt und uns schöner erscheinen lässt, „eine rosarote Brille". Stellen Sie sich vor, es gäbe eine Brille, durch die Ihre Sicht so verändert würde, dass Sie alles als angenehm oder zumindest nicht allzu schlimm empfänden. Es gäbe dann eine Garantie, dass Sie die Brille das ganze Leben lang tragen könnten, das heisst, dass Sie bis ans Lebensende nichts Unangenehmes erleben würden. Würden Sie diese Brille abnehmen – vorausgesetzt Sie wüssten, dass Sie sie tragen –, um die Welt und sich selber ohne Verzerrung zu sehen, so wie Sie und die Welt sind?

Wenn ja, würde das heissen, dass für Sie Wahrheit mehr Wert hat als die Garantie, ohne unangenehme Empfindungen bequem durch das Leben gehen zu können, oder anders ausgedrückt, dass Zufriedenheit und Glück im Leben für Sie nicht möglich sind, wenn Sie wissen, dass es auf einer Täuschung beruht.

Mit Täuschung, ohne Wahrheit, kann kein vollkommenes Vertrauen da sein, und ohne vollkommenes Vertrauen in sich selber gibt es keinen von den Umständen unabhängigen Sinn und Frieden in meiner Existenz als Mensch. Eine echte Unvoreingenommenheit würde bedeuten, dass ich bereit bin, jede Brille abzulegen – anstatt vielleicht eine weitere darüber aufzusetzen.

Der Weg

Der Weg im Vertrauen, zum Vertrauen, besteht im Ablegen der vielen Brillen, die wir tragen. Dazu gehört zweierlei: der Entscheid, den Weg zu gehen, und die Übung, durch welche wir lernen, Brillen zu sehen und abzulegen.

Ein klarer Entscheid ist wichtig, weil das Abnehmen einer Brille unangenehm und unbequem sein kann und weil der Weg in der Regel lang ist. Der Entscheid beruht auf meinem Vertrauen in das, was Frauen und Männer, die diesen Weg gegangen sind und gehen, berichten. Vertraue ich ihnen, vertraue ich auch mir. Ich vertraue, dass ich tief in meinem Inneren den Urgrund erfahren kann, in dem ich als Mensch aufgehoben bin.

Die Übung

Die Übung, durch welche ich lernen kann, meine Voreingenommenheit – „die Brillen" – zu sehen, ist die in diesem Buch beschriebene gegenstandslose Meditation[102]. Es gibt zahlreiche andere meditative oder nicht meditative (zum Beispiel körperbezogene oder verstandes- und verhaltenszentrierte) Übungen, die empfohlen und gelehrt werden. Die gegenstandslose Meditation ist eine der bewährtesten und direktesten – die Erfahrung damit reicht weiter als zweitausend Jahre zurück. Es ist eine Grundform der Meditation, wie sie im Zen[103], in der christlichen Kontemplation[104], im Vipassana-Buddhismus[105], aber auch in achtsamkeitsbasierter Stressbewältigung[106] geübt wird. Wie bei allen

Übungen, durch die ich etwas lernen kann, ist es auch bei dieser wichtig, dass sie regelmässig, am besten jeden Tag, ausgeführt wird.

Durch die regelmässige Übung baue ich ein tiefes Vertrauen zu mir auf. Nicht in meine körperlichen oder intellektuellen Fähigkeiten, nicht in meine ethisch-moralische Haltung, sondern ein Vertrauen in mich als das, was ich bin. Sie ist ein Weg zu mir. Durch die Übung komme ich mir, also dem, was ich im Grunde bin, näher. Bildlich gesprochen lege ich dabei die vielen Brillen ab, welche meine Sicht verzerren und sehe mich so, wie ich bin. Nur wenn ich mich unvoreingenommen sehe, ohne eine Brille, die beschönigt oder verteufelt, kann ich dem, was ich sehe, Vertrauen schenken, kann ich dem vertrauen, was ich als Mensch bin.

Um eine Brille ablegen zu können, muss ich überhaupt merken, dass ich sie trage. Ich muss klar wahrnehmen, dass ich mich nicht so sehe und nicht so sehen will, wie ich bin – dass ich voreingenommen bin. Was ist diese Brille? Sie besteht aus Bildern und Vorstellungen, die ich mir über mich und die Welt mache.[107] Diese Bilder kommen manchmal in meinen Gedanken zum Ausdruck, häufig bleiben sie aber „unausgesprochen" und sind mir nur teilweise oder gar nicht bewusst.

Wenn ich zum Beispiel das Gefühl der Wut und den Gedanken „Was für eine Kuh!" unterdrücke und nicht verärgert losschreie, weil mich auf dem Bahnsteig eine vorübereilende Mutter mit dem Kinderwagen gerammt hat und ich den Kaffee, den ich in den Zug mitnehmen wollte, über meinen Mantel verschüttet habe, steht hinter diesem Verhalten ein unausgesprochener Gedanke: „Ich bin ein zivilisierter, vielleicht sogar ein guter Mensch, der diese ‚primitiven' Gefühle und Impulse nicht kennt." Ich sehe mich dann mit der Brille dieser Vorstellung.

Diese Brille zu sehen, heisst, mir bewusst zu werden, dass ich meine Wut, meinen Ärger und meine aggressiven Impulse rauszuschreien unterdrückt habe *und* dass ich sie nicht wahrhaben möchte. Ich möchte nicht ein Mensch sein, in dem diese „primitiven" Gefühle von Wut und Aggression aufsteigen, wenn er aus Versehen durch eine junge Mutter mit dem Kinderwagen gerammt wird. Ich verdränge diese Gefühle, sobald sie aufkommen, und setze mir die Brille auf, mit der ich mich als einen ausgeglichenen, beherrschten Menschen sehe, dem Wut und Aggressionen fremd sind. Vielleicht geschieht mein Verdrängen solcher unerwünschter Gefühle so schnell, dass ich behaupte, bei mir kämen sie gar nicht vor.

Die Kontrolle unserer aggressiven Impulse haben wir durch unsere Erziehung und unsere Sozialisation erlernt, und es ist wichtig, dass wir diese Kontrolle haben. Es ist gut, dass wir nicht losschreien und der gestressten Mutter den Tag noch schwerer machen, als er ohnehin schon ist. Und das Zurückhalten der aggressiven Impulse ist auch nicht das, was hier mit „der Brille" gemeint ist.

Durch unsere Erziehung und Sozialisation wurde uns indes noch ein zweiter Aspekt dieses Verhaltens anerzogen: Wenn du diese Gefühle hast, bist du ein schlechter Mensch, und als schlechter Mensch wirst du abgelehnt. Um angenommen zu werden, darf ich nicht „böse" sein, darf ich diese Gefühle nicht zeigen; die hat man als zivilisierter und „lieber" Mensch nicht. So sind wir in der westeuropäischen Kultur konditioniert. Die Unterdrückung der aggressiven Impulse ist notwendig, damit wir uns nicht ständig gegenseitig bekämpfen und in einer Gemeinschaft leben können. Dass die Erziehung auch die Komponente der Ablehnung bei aggressivem, verletzendem Verhalten enthält, ist möglicherweise „ein notwendiges Übel". Es ist eine wichtige erzieherische Massnahme, ohne die unsere Zivilisation vielleicht nicht möglich wäre.

Sie hat aber den unerwünschten Nebeneffekt, dass wir uns nicht so sehen, wie wir sind. Dass wir unsere Gefühle und Impulse, welche zur Ablehnung geführt haben, verdrängen und glauben, wir hätten sie nicht. Sonst wären wir ja nicht zivilisierte und gute Menschen.

Dieses Verdrängen und die damit verbundene Brille, durch die wir uns und die Welt sehen, haben zur Folge, dass wir uns nicht vertrauen. Wir leben ständig unter der Fuchtel einer meist unbewussten Angst, dass wir uns vielleicht einmal doch nicht unter Kontrolle halten könnten. Aus dem gleichen Grund vertrauen wir auch anderen Menschen nicht, weil wir – wahrscheinlich berechtigterweise – annehmen, dass sie gleich sind wie wir. Es kommt dann auf der Basis dieses allgemeinen Misstrauens in den zwischenmenschlichen Beziehungen doch zu Aggressionen, die vielleicht subtil und verdeckt, deshalb aber nicht weniger verletzend sind.

Die Angst und das fehlende Vertrauen in mich als Mensch können auch zu Zweifeln an mir selber führen, zu einem Mangel an Selbstwertgefühl. Die Brille, die ich dann trage, beschönigt nicht mehr, sondern lässt alles schwarz erscheinen. Ich bin nichts wert und zu nichts fähig. Auch dieses Umschlagen ins Negative ist eine Verzerrung. Sie entsteht aus dem Ohnmachtsgefühl und aus der Angst, den Anforderungen, die ich und die Gesellschaft an mich stellen, nicht zu genügen. Die Brille zu sehen, heisst, sich dieser komplexen und mannigfaltigen Konditionierungen als Menschen in der westeuropäischen Kultur des 21. Jahrhunderts nach Beginn unserer Zeitrechnung bewusst zu werden.

Ich kann diese Ausführungen lesen und ihnen mehr oder weniger Glauben schenken. Die Brille, die ich trage, kann ich aber nur sehen, wenn ich bereit bin, sie abzulegen. Denn sobald ich sie sehe, habe ich sie schon abgelegt, ich schaue nicht mehr durch diese Brille hindurch. Ich kann erst dann erkennen, dass ich mich und die Welt durch eine Brille wahrgenommen hatte, nachdem ich sie abgenommen habe. Sie drückt sich bei jedem Menschen etwas anders aus. Es gibt auch grosse Unterschiede im Hinblick darauf, wie stark die verschiedenen als negativ gewerteten Gefühle und Impulse bei einer Frau oder einem Mann sind und zu welchem Grad sie ausgelebt beziehungsweise unterdrückt werden[108].

Die Brille zu sehen und abzulegen, mich so zu sehen, wie ich bin, kann ich nur, wenn ich meine Gedanken, Gefühle und Beweggründe klar sehe. Gedanken und Gefühle sind sehr eng miteinander verbunden, häufig können wir sie gar nicht voneinander trennen. Einerseits wird beinahe jeder Gedanke von einem Gefühl begleitet, andererseits erzeugen Gefühle wiederum neue Gedanken.

Während des Tages erreichen unzählige Gedanken und Gefühle unser Bewusstsein. Durchschnittlich sollen innerhalb eines Tages zwanzig- bis sechzigtausend Gedanken kommen und wieder gehen, wobei die meisten auch am Vortag bereits da waren. Dieses ständige Kreisen von Gedanken und Gefühlen nehmen wir im Alltag in der Regel nur zu einem kleinen Teil wahr. Die Übung der gegenstandslosen Meditation hilft, dieses Kreisen zu sehen und zu beobachten. In der Regel sehe ich meine Gedanken und Gefühle nicht, weil ich sie „bin": Das heisst, ich identifiziere mich mit dem, was ich denke und fühle, und „kreise" unbewusst mit.

Ich kann meine Gedanken und Gefühle nur dann klar sehen, wenn mein Geist ruhig ist, wenn er nicht andauernd durch Gedanken „mitgenommen" wird. Ähnlich wie ich in einem See die schwimmenden Fische nur sehen kann, wenn das Wasser nicht durch Wind hin und her bewegt wird. Wir können den Geist, unser Inneres, nicht willentlich, auf Befehl, zur Ruhe bringen. (Genauso wie wir uns nicht befehlen können einzuschlafen.) Das wissen alle, die es – zum Beispiel bei einer Meditationsübung – versucht haben. Auch meine

Gedanken kann ich nicht kontrollieren. Sie kommen und gehen, ohne dass ich sie anhalten oder verschwinden lassen kann.

Die Erfahrung zeigt aber, dass es zu einer Beruhigung in unserem Inneren kommt, wenn wir den Geist bei einem Objekt verweilen lassen. Das Objekt kann ein Bild sein, ein Wort oder der Atem. Wir bleiben mit unserer Aufmerksamkeit bei diesem Objekt und kehren immer wieder zurück, sobald wir feststellen, dass wir durch äussere oder innere Reize abgelenkt worden sind. Diese Erfahrung ist so alt wie die Meditation. Sie führte zu der Atemachtsamkeitsübung, die sich über Jahrtausende als eine Grundform der Meditation bewährt hat und ein wichtiger Bestandteil der gegenstandslosen Meditation ist.

Die Wirkung kann auch heute durch jeden und jede direkt erfahren werden. Bei verschiedenen Personen kann es zwar grosse Unterschiede geben, wie lange die Übung regelmässig praktiziert werden muss, bis ihr Geist zur Ruhe kommt und sie die innere Stille erfahren. Manche erfahren sie nach einigen Tagen oder bereits während der ersten Meditation, bei anderen kann dazu eine Zeit von mehreren Wochen oder Monaten benötigt werden. Bei genügend langer Übung kann aber jeder und jede die innere Stille, in der unser Geist zur Ruhe kommt, erfahren.

Wir bringen unseren Geist in der Übung der Atemachtsamkeit zur Ruhe und schauen nach innen, schauen auf das eigene Wesen. Was sehen wir? Wir sehen, wie bereits erwähnt, Gedanken und Gefühle, die ständig aufsteigen. Ist der Geist zur Ruhe gekommen, sehen wir sie klarer. Wir können sie dann auch erkennen als angenehm und unangenehm, als Erinnerungen, welche die Vergangenheit betreffen, oder als Pläne für die Zukunft. Betrachten wir sie in der Übung über längere Zeit, wird uns bewusst, dass wir mit diesen Gedanken nicht identisch sind.

Mit dem Beobachten der Gedanken, Gefühle und Impulse wächst die Selbsterkenntnis. Ich sehe, was für banale und „primitive" Gedanken Teil von mir sind. Es wächst aber auch das Vertrauen in mich. Dieses Wahrnehmen der eigenen Gefühle und Gedanken führt zu einem Bewusstsein, dass ich als Mensch mehr bin als diese Gedanken und Gefühle, mit denen ich mich identifiziere. Ich nehme einen Raum „hinter" diesen Gedanken und Gefühlen wahr, einen Raum, in dem sie aufgehoben sind. Einen „Raum der Stille", in dem auch ich aufgehoben bin.

Die tägliche Meditation bewirkt auch eine allgemeine Stärkung unserer psychischen Stabilität. Das ist einer der Gründe, warum Meditation als psychotherapeutisches Verfahren zur Anwendung kommt.[109] Sowohl die Zunahme des Vertrauens als auch die allgemeine psychische Stärkung sind Prozesse, welche durch die meditierende Person nicht bewusst wahrgenommen werden. Was wir wahrnehmen, ist nur das Resultat. Neben dieser Stärkung des Vertrauens, das durch die Praxis auf einer unbewussten Ebene stattfindet, wächst auch das bewusste Vertrauen in den Weg:

Ich habe den Weg angetreten, ohne dass ich die Brille, die meine Sicht auf mich und die Welt verzerrt, klar gesehen hätte. Ich sehe sie jetzt; der Weg führt zu einer klareren Sicht der Dinge, die in meinem Leben wichtig sind.

Das Wachstum der psychischen Stärke und des Vertrauens ist wichtig. Sie spenden der meditierenden Person Kraft und Mut, um auch in schwierigen Phasen auf dem Weg zu bleiben.

Warum kann der Weg zuweilen durch schwierige Phasen führen?

Während der Meditation – und durch die Meditationspraxis auch im Alltag – wird mir vieles in mir bewusst, was ich bis anhin nicht gesehen hatte. Ich sehe meine Gedanken und Absichten klarer und merke, wenn ich ganz ehrlich bin, dass es kaum negative Eigenschaften gibt, die ich bei anderen verurteile, welche nicht auch zumindest im Keim bei mir selbst zu finden wären. Seien es Neid, Hass, Niedertracht, Egoismus, Eitelkeit, oder Sex-, Gewalt- und Machttrieb. In der Psychotherapie spricht man von der Begegnung mit dem eigenen Schatten[110] – mit den Teilen meiner Persönlichkeit, die ich ablehne und die mir deshalb zu einem grossen Teil unbewusst sind.

Ich merke auch, dass der Halt an den Dingen, in die ich mein Vertrauen gesetzt habe, unsicher und immer nur vorübergehend ist; seien es Ausbildungs- und Berufspläne, seien es Genuss, Arbeit, Wohlstand, Leistung,

Wohltätigkeit oder Macht. Diese Erkenntnis ist schmerzhaft und kann zu Unsicherheit oder Verzweiflung führen. Als ob der Weg zum Vertrauen durch einen zeitweiligen Verlust des Vertrauens führen müsste.

Gerade während dieser Phasen ist es wichtig, mit der Meditationspraxis fortzufahren. Die Verzweiflung, die Leere, die mir begegnen, wenn ich die verschiedenen Anteile meiner Person und die Realität meiner Existenz als Mensch klar sehe, öffnen den Blick auf den Ort, an dem ich Halt finden kann, an dem ich eine bedingungslose, nicht von meinen Eigenschaften abhängende Aufnahme erfahre. Es ist ein Blick voller Liebe, ich wende mich mir – allem, was ich bin – liebevoll zu. Jon Kabat-Zinn schreibt über die Achtsamkeitsmeditation in seinem zu Beginn dieses Kapitels zitierten Buch: *„Sie ist (...) – wie wir bald entdecken, wenn wir weiter üben – letztlich ein Akt reiner Liebe [...]".*[111]

Dieser Blick ist allerdings nicht etwas, was ich willentlich erreichen kann. Im Gegenteil, mein Ich muss zurücktreten, damit sich die Sicht auf diesen Ort auftut. Je mehr ich mich danach sehne, umso weiter scheint er sich zu entfernen. Die Erfahrung dieses Ortes, der einen absoluten Halt gibt, kommt dann, wenn ich mich ganz aufgegeben habe, wenn ich jede Verstellung und alle Vorstellungen über mich, aus denen das Bild meines Ichs besteht, an denen ich Halt finde, abgelegt habe. Dann erlebe ich mehr als mein „Ich", etwas, das grösser ist als das, was ich bin. An diesem Ort muss ich nichts mit meinem „Ich" begreifen, ergreifen oder halten. Hier finde ich mich aufgehoben.

So gesehen sind die schwierigen Phasen „positiv", weil sie zur Berührung mit dem Ort des absoluten Vertrauens führen. Sie sind „positiv" auch aus einer rein psychologischen Sicht. Diese von mir als negativ gewerteten Eigenschaften waren ja immer da, der Unterschied ist nur, dass ich sie nun sehe. Es besteht daher kein Grund, mich zu verurteilen. Ich bin dadurch, dass ich mich klarer sehe, nicht „schlechter" geworden. Im Gegenteil, ich sehe jetzt diese Teile von mir, und dadurch sind sie weniger wirksam, haben weniger Macht über mich.

Zudem gehören diese Eigenschaften zu unserem Menschsein. Ihr Ursprung liegt entweder in angeborenen Trieben und Instinkten oder in der durch unsere Erziehung und Sozialisierung erworbenen Konditionierung als Menschen der westlichen Zivilisation im 21. Jahrhundert. Ich muss mich deshalb, wenn ich sie bei mir sehe, nicht verurteilen. Ich kann sie als Teil von mir annehmen, als etwas, das zu mir als Mensch gehört.

Ich kann dann auch erfahren, dass die bedingungslose Annahme für mich gilt, so wie ich bin – gerade auch mit diesen Eigenschaften, die ich lange nicht anzuschauen wagte. Bin ich bereit, mich so zu sehen, wie ich bin, ohne etwas verbergen zu müssen, kann ich auch mit Vertrauen und frei von Angst Neuem begegnen und nach innen schauen. (Ich entdecke ja jeden Tag neue Gemütsregungen, es gibt einen unerschöpflichen Vorrat, ich werde nie alle gesehen haben.) Tief in mein Inneres schauen, wo ich im Vertrauen das absolute

Vertrauen finden darf. Den Ort, an dem ich durch eine alles umfassende Liebe aufgehoben bin.

Der Weg ist lang

Es ist nicht ein Weg, auf dem schnelle Resultate und grosser Erfolg nach einigen Tagen oder Wochen erreicht werden können. Der Weg zur Erfahrung des Urvertrauens, des Aufgehobenseins in der Liebe, des Wissens, dass ich angenommen bin, so wie ich bin, ist lang. Er kann auch mühselig sein, langweilig aber ist er nicht. Er führt durch die schwierigen Phasen, die oben beschrieben wurden, spendet aber auch jeden Tag neue Kraft, die ich aus der direkten Begegnung mit mir selbst schöpfe. Er stärkt mein Vertrauen und hilft mir, durch Schwierigkeiten oder Krisen, denen ich im Verlauf meines Lebens begegne, hindurchzukommen, ohne in Verzweiflung unterzugehen. Je klarer ich mich sehe, so wie ich bin, umso fester wird der Boden, auf dem ich stehe, auf den ich vertrauen kann. Nicht nur während der Meditation, sondern auch und gerade im Alltag.

Alles Worte

In diesem Text wurde versucht, den Weg zu beschreiben, auf dem eine Person einen absoluten Halt finden kann, wenn sie ihn im Vertrauen antritt und mit Ausdauer geht. Die Erfahrungen und die psychischen Vorgänge, die hier geschildert werden, sind als Beispiel gemeint; sie beschreiben, was verschiedene Personen, die den Weg gegangen sind oder gehen, berichtet haben. Der Weg ist indessen für jedes Individuum anders. Die individuellen Erfahrungen sind so einmalig wie das

Leben jedes einzelnen Menschen selbst. Die Beschreibungen sollen daher nicht als „Anleitung" verstanden werden, was eine Person erfahren sollte, sondern nur als Beispiel, das vielleicht zum Antreten des Wegs motiviert. Der Weg selbst ist immer persönlich und einzigartig.

Immer wieder spricht der Text auch von dem Ort, zu dem der Weg führt. Allein dieser Ort ist etwas, das durch Worte, durch einen Text, nicht beschrieben werden kann. Die Erfahrung dieses Ortes liegt jenseits von Gedanken und Gefühlen und damit auch jenseits der Möglichkeit, die Erfahrung adäquat in Worte zu fassen. Mit einem Wort, einem Begriff, wird er zum Objekt, das wir meinen mit unserem Verstand ergreifen zu können. Dann wird er zu einem Wort, das kein Leben hat und auch keinen absoluten Halt geben kann.

Kennenlernen kann der Mensch diesen Ort nicht durch Worte oder Bilder, sondern allein dadurch, dass er oder sie den Weg selbst geht.

Teil III:

Der Weg geht weiter

Die Integration der spirituellen Werte im Alltag[112]

Alle spirituellen Wege haben die Integration der spirituellen Werte im Alltag zum Ziel. In der formalen Praxis – zum Beispiel Sitzmeditation, Achtsamkeits-Yoga oder Tai-Chi – geht es daher um Übungen, die uns auch helfen sollen, die Liebe, den tiefen Sinn und den Frieden im Alltag erfahren und leben zu können. Der Weg zum Leben dieser Liebe im Alltag, im Verhalten, Denken und Fühlen, in jedem Augenblick, ist allerdings nicht einfach und muss mit voller Hingabe, Geduld und Ausdauer geübt werden. Selbst wenn das Wissen um den tiefen Sinn, den Frieden und die absolute Liebe in der Übung der gegenstandslosen Meditation gefunden werden konnte. In diesem Sinn fängt der spirituelle Weg mit dem Geschenk des Erlebens der neuen Wirklichkeit erst an. Dieses Erleben, das in den vorangehenden Kapiteln beschrieben worden ist, stellt daher nicht nur den Höhepunkt, sondern immer auch den Ausgangspunkt des spirituellen Weges dar[113].

Auf der anderen Seite ist das Leben der spirituellen Werte im Alltag nicht von der Art der Erfahrungen abhängig, die ich auf meinem Weg der gegenstandslosen Meditation gemacht habe. Diese Werte zu leben, soll – neben den regelmässigen Übungen – von Anfang an das wichtigste Ziel sein. In diesem Sinn richtet sich dieses Kapitel an alle, die sich auf dem spirituellen Weg befinden – unabhängig davon, ob seit einem Tag oder seit zehn Jahren. Das meint auch Krishnamurti, wenn er sagt, es gebe keinen Pfad, der zur spirituellen Wirklichkeit führe. Vielmehr sei die spirituelle Wirklichkeit das, was jetzt ist.[114] Mit dem ersten Schritt ist man bereits auf dem Weg – und nicht erst, wenn irgendwelche Ziele, die unseren Vorstellungen oder den Vorstellungen unserer Lehrer entsprechen, erreicht sind. Am wahren und endgültigen Ziel angekommen ist jeder und jede – nie und jetzt.

Bei der Integration der spirituellen Werte steht die Achtsamkeit im Mittelpunkt

Allen spirituellen Wegen ist ebenfalls gemeinsam, dass bei der Integration der spirituellen Werte in den Alltag die Achtsamkeit, das achtsame Leben im gegenwärtigen Augenblick, eine zentrale Rolle spielt. Es gibt auch Übungen, die uns helfen, im Alltag achtsam zu sein. Zum Beispiel kurze Pausen während der täglichen Routine – Pausen, in denen wir zum Atem und zum Körper, zum gegenwärtigen Augenblick, zurückkehren, oder die achtsame Ausführung einer alltäglichen Tätigkeit (wie z. B. Duschen). Sehr wertvolle Hinweise für solche Übungen der Achtsamkeit im Alltag finden die Leserin und der Leser in den Büchern von Jon Kabat-Zinn und Thich Nhat Hanh.

Achtsamkeit im Alltag bedeutet auch, das eigene Ich klar zu sehen

Leben in Achtsamkeit heisst im Hinblick auf die Integration der spirituellen Werte im Alltag in erster Linie das klare Wahrnehmen des Ichs[115] mit allen seinen Gedanken, Gefühlen, Eigenschaften und Wünschen.

Die direkte Erfahrung der spirituellen Wirklichkeit eröffnet der meditierenden Person eine neue Welt, in der Liebe zu allem und allen herrscht, und führt sie in ein neues Leben. Dieses Leben sieht allerdings äusserlich nicht unbedingt anders aus. Es bleibt das Leben der menschlichen Existenz auf dieser Erde – mit all ihren angenehmen und unangenehmen Erlebnissen. In einer Zen-Geschichte nimmt der frisch erleuchtete Mönch sein Bündel, das er eben dank der Erleuchtung hatte loslassen können, wieder auf die Schultern,[116] und der neu geborene Christ nimmt, nachdem er sich von sich selbst befreit hat, sein Kreuz auf sich[117].

Das ist denn auch die wichtigste Übung im Alltag: unser Ich mit seinen Eigenschaften achtsam zu „tragen". Allerdings nicht mit dem Ziel, böse, minderwertige oder niederträchtige Gedanken, Gefühle oder Fantasien zu unterdrücken, das Ich ändern oder „sich bessern" zu wollen.[118] Es geht auch nicht darum, uns wegen dem, was wir als unser Ich sehen, zu verurteilen. Achtsamkeit heisst, die Eigenschaften unseres Ichs und deren Auswirkungen im Alltag klar zu sehen – ohne Verzerrung, sondern mit Akzeptanz und Liebe.

Zu einer wahren Änderung kann es nur infolge eines klaren unverzerrten Sehens unserer bewussten und unbewussten Wünsche, Instinkte, Triebe und Ängste kommen. Und dieses klare Sehen üben wir in der gegenstandslosen Meditation. Wenn wir in der Stille bei uns verweilen, ohne etwas dazwischen – ohne eine Wand, um etwas zu verdecken, ohne durch Beschönigung die Realität zu verzerren –, sehen wir klar, was und wie wir sind. Die regelmässige Übung bringt uns auch immer wieder zu dem Orientierungspunkt, von dem aus wir die Werte und Prioritäten im Verlaufe unserer Existenz als Menschen aufs Neue klar erkennen können. Zudem erhöht regelmässiges Üben die Sensitivität gegenüber unserer Wahrnehmung der eigenen inneren Welt, sie verbessert unsere Fähigkeit, die Regungen unserer Gefühle als Reaktion auf äussere oder innere Ereignisse und Situationen wahrzunehmen.

Dieses „Wissen", das klare Sehen unseres Ichs, stellt eine der wichtigsten Erkenntnisse auf dem spirituellen Weg dar. Die Tiefe dieser Erkenntnis ist daher auch ein Mass für die spirituelle Reife. Das Erkennen, dass alles, was ich an anderen verurteile – sei es Selbstsucht, Überheblichkeit, aber auch Niedertracht und Gewalt –, ja dass alles, was ich in der Aussenwelt sehe, wo Hass, Krieg und Gewalt unendliches Leid über unzählige Menschen bringen, auch ein Teil von mir ist, und ich ein Teil davon.

Klar sehen, ohne jede Beschönigung, kann ich nur aus der Stille des Augenblicks heraus, frei von ichzentrierten Wünschen, besser zu sein als andere, frei von meiner zum grossen Teil unbewussten Konditionierung, welche alles, was ich über mich denke, nach erlernten Mustern beurteilt. Aus der Stille des Augenblicks heraus kann ich alles liebevoll annehmen, ohne zu verurteilen. Dieses Sehen mit den Augen der Liebe, die nichts beschönigen und nichts verurteilen, ermöglicht uns auch, mit unserem Ich, mit uns selber – als Menschen, welche in dieser Welt aufgewachsen sind und in ihr leben – behutsam in Liebe und Demut umzugehen. Unser Ich jeden Tag neu, jeden Augenblick neu auf die eigenen Schultern zu laden.

Das eigene Ich kann sich selber durch bewusste Anstrengungen nicht ändern

Durch klares Sehen werden wir uns immer wieder neu dieser Wahrheit bewusst: Ich kann mich selber, das heisst auf der bewussten Ebene, nicht ändern. Ich kann mich überwinden, ich kann meine durch Vererbung und persönliche Entwicklung tief verwurzelten Eigenschaften, die Triebe, die Wut und den Hass, die in mir aufkommen, schnell unterdrücken. Ich kann gar ihre Existenz leugnen und sie in mir gar nicht erst auf die bewusste Ebene gelangen lassen, sie aus meinem Bewusstsein verdrängen. Dadurch werde ich jedoch nicht besser, sondern möglicherweise überheblicher und unechter in meinem Verhalten. Eine Verleugnung jener Eigenschaften in mir, die ich abwerte oder verurteile, birgt zudem die Gefahr ihrer Projektion nach aussen – auf die „bösen Anderen" – mit den entsprechenden Folgen des Konflikts und der Gewalt.

Jede Bemühung, uns zu ändern, ist zum grössten Teil durch den Wunsch unseres Ichs motiviert, besser dazustehen, als es aufgrund seiner Eigenschaften und Konditionierung tatsächlich ist. Dieser Wunsch verzerrt unseren Blick, wir sehen uns dann – nachdem wir uns in Gedanken vorgenommen haben, irgendetwas in Zukunft nicht mehr oder anders zu tun – in einem besseren Licht, nicht wie wir tatsächlich sind. Aus diesem Grund sind auch alle unsere guten Vorsätze daraufhin zu prüfen, ob sie uns die klare Sicht nicht verstellen. Wenn wahrhaft eine Änderung, eine „Besserung" stattfinden soll, hat dies ohnehin auf der unbewussten Ebene zu geschehen.

Dies ist allerdings nicht in dem Sinn zu verstehen, dass ich meine Triebe und meine Schattenseiten unkontrolliert ausleben sollte, um sie nicht zu unterdrücken. Im Gegenteil, ich sollte stets bewusst anstreben, die Liebe zu leben und andere nicht durch mein unkontrolliertes Verhalten zu verletzen – selbst wenn ich in meinem Inneren Impulse zu einem Ausbruch von Emotionen oder Gewalt empfinde. Dies sollte ich allerdings nicht in der Meinung tun, dass ich dadurch besser sei oder dass diese Schattenseiten nicht ein Teil von mir seien, sondern in dem Wissen, dass mein Schatten der Schatten bleibt, dass meine Triebe die Triebe bleiben, dass mein Hass der Hass bleibt, dass meine Angst die Angst bleibt. Nur durch das unverzerrte Sehen, das Annehmen und „Tragen" meines Ichs, so wie es ist, kann ich mich von ihm befreien. Es zu verleugnen, davor zu fliehen oder es zu bekämpfen, hilft nicht.

Eine grosse und unverzichtbare Hilfe, die uns unsere Eigenschaften klar sehen lässt, ist der Kontakt mit anderen Menschen. Viele Eigenschaften werden uns erst in der Beziehung zu unseren Partnern, Kollegen, Freunden oder Verwandten bewusst. Sei es durch deren Bemerkungen über unser Verhalten oder durch unsere Reaktion auf das Verhalten anderer. Ein buddhistischer Meister soll gesagt haben: „Wenn du dich länger als zehn Minuten über das Verhalten einer anderen Person ärgerst, solltest du die Antwort, warum du dich ärgerst, bei dir selber und nicht beim anderen suchen."

Die volle Annahme, das Tragen des Kreuzes (wie es im Christentum heisst) oder des Bündels (wie es in der Zen-Geschichte erzählt wird), ist der einzige Weg zur Befreiung. Es kann nicht genug betont werden, dass die eigentliche Aufgabe im Alltag nicht eine Besserung durch gute Vorsätze und Disziplin ist, sondern ein klares Sehen unseres Ichs, wie es im Augenblick ist, und das Erkennen und die Annahme der Tatsache, dass wir so sind, wie wir sind. Nicht aus Resignation und Verzweiflung heraus, sondern mit freundlicher, liebender Zuwendung.

Spirituelle Werte im Alltag zu leben, heisst nicht, dass der Mensch schöne, angenehme Wahrnehmungen – wie ein Kunstwerk, ein gutes Essen, ein erotisches Erlebnis, die Schönheit der Natur, eine Freundschaft, eine Liebesbeziehung oder ein glückliches Ereignis, wie zum Beispiel die Geburt eines Kindes – nicht geniessen könnte. Im Gegenteil, die Erfahrung von Freude ist dadurch häufig viel intensiver. Sie kann aber auch wieder losgelassen werden. Achtsam im Alltag zu leben, bedeutet, dass wir an angenehmen – auch spirituellen – Erfahrungen nicht haften. Es bedeutet, frei zu sein von dem unwillkürlich auftauchenden Denken daran, wie wir sie verlängern oder intensivieren könnten. Es bedeutet zu lernen, sie so zu nehmen, wie sie sich einstellen und wie sie sind. Nicht als Ersatzbefriedigung für die Sehnsucht nach dem Lebenssinn und nach der absoluten Annahme und Liebe – einer Sehnsucht, die den meisten Menschen bewusst oder unbewusst innewohnt und deren Ersatzbefriedigung häufig die Ursache für ein Suchtverhalten darstellt.

Ähnliches gilt im umgekehrten Sinn für unangenehme Ereignisse. Auch hier ist das Erleben – die Verletzung durch eine Enttäuschung etwa – eher intensiver als bei Menschen ohne Meditationspraxis. Die schmerzhaften oder sonst unangenehmen Ereignisse werden aber als solche, als Teil unserer Existenz in dieser Welt, wahrgenommen und können auf diese Weise angenommen und damit auch wieder losgelassen werden.

Die regelmässige Meditationspraxis spendet die Energie und bereitet den Boden für das spirituelle Wachstum vor

Um jeden Tag Achtsamkeit zu leben, um jeden Tag sein Ich zu „tragen" und klar und unverzerrt wahrzunehmen, braucht der Mensch jeden Tag neu die Erfahrung der Leere, der Stille, als Quelle der Liebe und Freude in der Übung der Meditation. In der Übung der bedingungslosen Aufgabe von allem im Augenblick, im Jetzt, in der Stille jenseits der Gedanken und Gefühle, jenseits allen Wissens und aller Konzepte[119]. Sämtliche Lehren und Texte sind nur Wegweiser. Sie sind nicht dazu da, dass wir bei ihnen stehen bleiben, sondern dazu, uns die Richtung zu zeigen, in der wir den Weg fortsetzen können. Wir haben die Neigung, immer wieder zu versuchen, auf der rationalen Ebene – das heisst mit einem Konzept, mit unserem Verstand, mit unserem Ich – in die spirituelle Dimension zu gelangen. Dass dies nicht möglich ist, ist die Haupterkenntnis und Hauptbotschaft aller grossen spirituellen Wege. Das Ich, der Verstand, kann nicht in die spirituelle Wirklichkeit mitgenommen werden. Zu dieser Stille haben der Verstand, die Gedanken und Gefühle keinen Zutritt. Hier, wo die Liebe zu allem und allen geboren wird, hört das Ich auf.

Diese Stille, die wir in der Übung der Meditation erfahren, kann auch nicht erzwungen oder verdient werden. Sie ist ein Geschenk, kein Verdienst, und auch keine Belohnung. Und als Geschenk kann sie nur in Demut empfangen werden. Aus diesem Grund wächst mit dem Fortschreiten auf dem Weg der gegenstandslosen Meditation mit wachsender Erkenntnis auch die Demut. Die, die am weitesten auf dem Weg fortgeschritten sind, erkennt man daran, dass sie die Demütigsten sind[120]. Die stille Präsenz und Demut – und nicht irgendwelche Konzepte, Vorstellungen oder Lehren – eröffnen die Möglichkeit für die wahre Veränderung unseres Verhaltens und für das Erleben der spirituellen

Wirklichkeit auch im Alltag. Dann wird „das Tragen" des Ichs, des Bündels, nicht als eine Last wahrgenommen, die uns auferlegt wurde, sondern als ein freier Akt aus dem Erleben des Geschenks heraus.

Das ist ein wichtiger Grund für die tägliche formale Praxis. Das heisst aber nicht, dass wir versuchen sollen, möglichst viel von dem, was wir während der Meditation erfahren, in den Alltag hinüberzuretten, zum Beispiel bestimmte angenehme Zustände und Gefühle, die wir dann als Erinnerung herbeirufen. Die tägliche Erfahrung in der Meditation verhilft uns vielmehr auf einer uns nicht bewussten Ebene dazu, in das achtsame Erleben des Alltags weiter hineinzuwachsen. Sie hilft uns, den alltäglichen Augenblick immer wieder als neu, als diesen Augenblick – so wie er ist –, ohne Vergangenheit (auch ohne Erinnerungen an Erfahrungen während der Meditation) und ohne Zukunft zu erleben. So wie das Korn die Sonne braucht, um wachsen und reifen zu können, benötigen wir für das spirituelle Wachstum – diese wichtigste und nie abgeschlossene Aufgabe während unserer Existenz auf diesem Planeten – jene Energie, die wir aus der unerschöpflichen Quelle der Stille jeden Tag immer neu als Geschenk erhalten können.

Weitergabe der Information über die spirituellen Werte und den Weg der gegenstandslosen Meditation

Die Frage, inwieweit und auf welche Weise ich andere Menschen über den spirituellen Weg aktiv informiere, ist sehr wichtig. Einerseits können wir den Weg nur gehen, wenn wir über ihn informiert worden sind. Andererseits kann aktives „Missionieren" missverstanden werden oder sogar mehr Schaden als Nutzen bewirken. Aus diesem Grund ist eine generelle Empfehlung schwierig. Die Antwort muss jede und jeder selbst finden. Als Illustration für diese Suche und vielleicht auch als Hilfe, die eigene Haltung zu finden, wird abschliessend ein Erfahrungsbericht angefügt, in dem ein Meditationsschüler die Motivation und die Schwierigkeiten im Zusammenhang mit dieser Aktivität aus persönlicher Sicht schildert:

Seit einigen Jahren ist für mich der Sinn und das Ziel meines Lebens klar und präsent: die Vermehrung der Liebe. Wenn ich dies schreibe, ist mir bewusst, dass es für Personen, welche die allumfassende Liebe als Ursprung und Ziel des Seins nicht erfahren haben, banal, kitschig, naiv oder überheblich scheinen mag. Ich hatte aber vor bald zehn Jahren nach einer langjährigen Praxis der gegenstandslosen Meditation Frieden, tiefen Sinn und Liebe gefunden. Liebe, in der ich und das Ganze, was ich während meiner Existenz als Mensch wahrnehme, aufgehoben sind. Es war die wichtigste Erfahrung meines Lebens schlechthin. Danach hatte es für mich erste Priorität, durch mein Leben – durch meine Tätigkeit und mein Verhalten – die Liebe zu vermehren. Diese Einstellung ergab sich wie von selbst, als Folge der Erfahrung, ohne dass mich jemand dazu ermuntert oder aufgefordert hätte.

Lange Zeit hatte ich gemeint, die Weitergabe der Information über den spirituellen Weg sei die wirksamste Tätigkeit, wenn es um die Mehrung der Liebe geht. Es war für mich nach der Erfahrung der spirituellen Dimension als das Wichtigste, was der Mensch während seiner Existenz auf dieser Welt erleben kann, selbstverständlich, über den Weg zu dieser Erfahrung möglichst vielen Mitmenschen zu berichten. Nicht als jemand, der die anderen „belehren" möchte, der meint, mehr oder besser zu sein, weil er etwas hat, was die anderen nicht kennen. Ich wollte diese Erfahrung der alles umfassenden Liebe allen Menschen gönnen.

Ähnlich vielleicht wie jemand, der den Menschen, die im Nebel leben, die frieren und aus Mangel an Licht psychisch und körperlich krank sind, einen Weg zeigen möchte, auf dem sie über das Nebelmeer hinausgelangen und den Ort erreichen könnten, der im Licht der Sonne gebadet ist und genug Platz für alle bietet. Der Weg ist zwar steinig und lang, er führt durch dunkle Wälder, durch Dickicht, Schluchten, trockene Wüsten und zeitweise sieht es so aus, als ob es gar keinen Weg geben würde. Am Ziel angekommen, weiss jedoch jeder und jede, dass er oder sie zu diesem Licht gehen müsste, selbst wenn der Weg zehnmal länger und noch weit beschwerlicher wäre.

Oder als jemand, der mit anderen in der Wüste lebt, wo die meisten Menschen stets an einem grossen Durst leiden, zum Trinken aber nur verseuchtes Wasser haben, das nach dem Genuss zu noch grösserem Durst führt und Krankheiten verursachen kann. Als einer, der nach lan-

gem Suchen eine Quelle mit reinem, klarem Wasser gefunden hat, welches den Durst stillt und durch seine Reinheit zur Erholung von den Krankheiten führt.

Weitergeben wollte ich die Information über den Weg zur Erfahrung der spirituellen Dimension aber auch, weil ich in der Begegnung der einzelnen Menschen mit dieser Dimension der Liebe die einzige Chance für die Menschheit als Ganzes sah, aus der Spirale von Gewalt und Zerstörung gerettet zu werden. Eine Änderung der Entwicklung, mit immer effizienteren Gewaltinstrumenten Mitmenschen und die Umwelt zu zerstören und zu verstümmeln, ist nur möglich, wenn einzelne Menschen als Individuen auf Gewalt verzichten können. Mahatma Gandhi sagte: „Peace between countries must rest on the solid foundation of love between individuals." Und der Dalai Lama schreibt in seinem Vorwort zu einem Buch von Thich Nhat Hanh: „Auch wenn der Versuch schwierig sein mag, den Weltfrieden durch die innere Wandlung der einzelnen Menschen herbeizuführen, ist er der einzige Weg. Darüber spreche ich, ganz gleich, wo ich bin [...]."[121]

Mit Freude und viel Energie machte ich mich an die Aufgabe der Verkündigung dieser sowohl für die Einzelnen als auch für die Menschheit als Ganzes „guten Nachricht". Ich erstellte Power-Point-Folien, Flyer, Broschüren und Webseiten mit dieser aus meiner Sicht wichtigsten Information, die ein Mensch während seiner Existenz auf dieser Welt erhalten kann. Zu meiner Überraschung stellte ich aber fest, dass meine Information die meisten gar nicht interessierte, sei es, weil sie mit ihrem Leben zu beschäftigt waren, sei es, weil sie mir nicht das Gehör und den notwendigen Glauben schenkten, sei es, weil sie meinten, sie müssten sich nicht von anderen belehren lassen, oder dass sie die Mühsal des Wegs abschreckte.

Es gab aber auch leidende Menschen, welche sich nach Licht und Gesundheit sehnten. Bei diesen angekommen, musste ich feststellen, dass die meisten schon mehrere Wege versucht hatten und über Buchhandlungen und Internet Werbung erhielten, in der ihnen viele andere, interessantere, kürzere und womöglich schmerzlose Lösungen für ihr Leiden zum Kauf angeboten wurden. Meine Information war für diese Leidenden und Suchenden eines von mehreren hundert Angeboten und nicht der Weg.

Meine Enttäuschung war gross. Ich suchte nach weiteren Möglichkeiten, diese wichtige Information weiterzugeben (z. B. Vorträge für Interessierte, Meditationsgruppenangebote), und musste einsehen, dass neben dem Mangel an Interesse auch meine begrenzten Fähigkeiten, mich in Wort und Schrift so auszudrücken, dass es andere anzieht und überzeugt, ein Hindernis waren. Viele Menschen, welche die gleiche Erfahrung gemacht haben wie ich, hatten den Weg gekonnter in Büchern und Vorträgen beschrieben, als ich es zu tun in der Lage war. Nun war ich mir nicht mehr sicher, ob meine Bemühungen, andere zu informieren, die richtige Aktivität war, um die Liebe zu vermehren.

Vor einigen Jahren habe ich dann erkannt, dass es nur eine Möglichkeit gibt, sicher zu sein, dass eine Handlung (Verhalten oder Tätigkeit) die Liebe mehrt: aus der Liebe heraus zu handeln. Die wirksamste „Verkündigung" geschieht nicht durch schöne Worte und Bilder, sondern durch die entsprechende Haltung und Handlung. In diesem Sinn können wir auch das Zitat von Laotse verstehen: „Wer weiss, redet nicht." In die gleiche Richtung weist der berühmte Imperativ von Mahatma Gandhi: „Be the change that you want to see in the world." Diese Erkenntnis steht auch im Einklang mit dem, was viele spirituelle Lehrer – zum Beispiel Buddha, Jesus, Augustin, Meister Eckehart, Tauler, Franz von Assisi, Krishnamurti – gesagt haben.

Wie aber handle ich aus der Liebe heraus? Woher weiss ich, ob meine Tätigkeit Liebe mehrt? Woher weiss ich, ob ich bei einer vordergründig der Liebe entspringenden Tätigkeit nicht meinem Ego folge, das sich als Gutmensch, als Helfer, als besser als die anderen Menschen sehen möchte? Dass dies mein Ego will, weiss ich aufgrund meiner „Selbstbeobachtung" während der Meditation und im Alltag, wenn ich achtsam bin. Aus der Erfahrung weiss ich auch, dass mein Ego in seiner über viele Jahre aufgebauten Konditionierung nur sehr langsam geändert werden kann. Ich weiss auch aufgrund meiner psychologischen Kenntnisse, dass mir nur ein kleiner Bruchteil „meines Schattens" – jenes Anteils meiner Person, der durch mich, d. h. durch mein Ego, verurteilt, nicht akzeptiert und deshalb häufig verdrängt wird – bewusst ist. Wie weiss ich also, dass ich durch meine „gut gemeinte" Tätigkeit nicht mehr Leid als Liebe schaffe? Ich habe schon Vieles in guter Absicht gesagt oder getan, was zu Wut, Ärger, Neid, Minderwertigkeitskomplexen und anderen Formen von Leiden geführt hat.

Die Antwort lautet: Aus der Liebe heraus kann ich handeln, wenn ich mit der Liebe, mit der Ebene des Seins, in der ich aufgehoben bin, in Verbindung stehe. Mit dieser Ebene komme ich in Berührung, wenn ich mich vom Lärm der Gedanken und der äusseren Ereignisse zurückziehe, wenn ich meditiere. Diese Verbindung während der Meditation hat ihre Wirkung auch im Alltag. Je mehr ich mit dieser Ebene in Kontakt bin, umso leichter und häufiger kann ich sie auch im Alltag erfahren und mit ihr in Verbindung sein. Das heisst für mich, „achtsam", „bewusst" oder „erwacht" zu leben. Sich dieser Ebene, die immer da ist, bewusst zu sein. Dies bedeutet keineswegs, auf eine Art abgehoben zu sein. Im Gegenteil; bin ich achtsam, bewusst, sehe ich alles klarer, so wie es ist, sehe ich alles mit den Augen der Liebe. Einschliesslich meines Egos mit dessen Gedanken und Gefühlen.

Juni 2012

Anhang 1:

Die spirituelle Dimension

Was ist die spirituelle Dimension?

Während seiner Existenz auf dieser Welt muss der Mensch, um als Individuum und als Art überleben zu können, Fähigkeiten auf verschiedenen, ineinander übergreifenden und sich gegenseitig beeinflussenden Ebenen entwickeln: körperliche, intellektuelle, soziale, künstlerische, spirituelle usw.

In der westlichen Kultur ist heute die intellektuelle oder rationale Ebene mit einer materialistisch-wissenschaftlichen Betrachtungsweise sehr hoch entwickelt. Mit Hilfe der Ratio kann der Mensch die Dinge erkennen, beschreiben und mit grossem Erfolg zu seinem Vorteil gebrauchen oder kontrollieren. Deshalb gilt diese Ebene in der westlichen Kultur häufig als die wichtigste oder gar die einzig bestimmende.

Es gibt allerdings wichtige Aspekte der menschlichen Existenz, die sich der rein rationalen Betrachtungsweise entziehen. Darunter auch solche, die eine existenzielle Bedeutung für das Individuum und die Menschheit als Ganzes haben, wie Ethik, Moral oder Sinn.[122] Diese ethischen und moralischen Grundlagen unserer Geistestätigkeit, welche jenseits des rationalen Denkens liegen, haben ihren Ursprung in der spirituellen Dimension. Nur in der spirituellen Dimension ist die bewusste Erfahrung von ethischen und moralischen Prinzipien und von einem tiefen Sinn der menschlichen Existenz möglich.

Seit mehr als zweitausendfünfhundert Jahren berichten Frauen und Männer über ihr Erleben der spirituellen Dimension. Aldous Huxley spricht in seinem Buch, in dem er über diese Erfahrungen berichtet, über die ewige Philosophie,[123] über ewige Wahrheiten, welche unverändert auch heute von Frauen und Männern erfahren werden. Im Laufe der Jahrhunderte hat diese Wirklichkeit viele Namen erhalten (z. B. Gott, das Absolute, die Leerheit, die spirituelle Dimension, die mystische Dimension, die Intuition), ist und bleibt aber letztlich namenlos. Am ehesten liesse sie sich aufgrund ihrer Wirkung mit dem Wort Liebe beschreiben.

Die uns bekannten ältesten Berichte haben ihren Ursprung in der Religion. Wir könnten auch sagen, dass umgekehrt der Ursprung der Religion die Erfahrung der spirituellen Dimension war. Menschen, die es erfahren hatten, haben versucht, es anderen mitzuteilen. So entstanden vor langer Zeit, meist vor mehr als zweitausend Jahren, verschiedene Religionslehren. Alle schöpfen aus der gleichen Quelle. Sie unterscheiden sich in der Weise, wie sie die Erfahrung beschreiben. Die Art, wie sie beschrieben wird und mit welcher Geschichte, hängt mit dem kulturellen Hintergrund zusammen, die die erzählende Person hat.

Diese ewigen Wahrheiten sind unabhängig von der Zeit und von der Religionslehre. Sie werden in den kanonischen Schriften unterschiedlicher Religionen beschrieben, in den Upanishaden des Hinduismus, in den Lehren des Buddhas und in der Bibel. Der Dalai Lama sagt: „Da aber Liebe wesentlich für alle Religionen ist, könnten wir von einer universalen Religion der Liebe sprechen."¹²⁴ Auf der Ebene der Mystik, des persönlichen Wegs zur religiösen Erfahrung, finden wir in den Religionen mehr Gemeinsamkeiten als Unterschiede.

Wieso sehen die Menschen von heute in den kanonischen Schriften der Religionen und den Texten der zeitgenössischen spirituellen Lehrer, die über diese Dimension berichten, nicht die ewigen Wahrheiten unseres Menschseins, sondern meist nur Widersprüche? Warum passt vieles, was dort steht, nicht zu unserem logischen Denken? Warum sind wir verwirrt, wenn wir diese Texte mit dem Verstand begreifen wollen?

Einerseits lesen wir in diesen Texten und hören von Menschen, welche sie erfahren haben, dass die spirituelle Dimension unser eigentliches Wesen ist; dass das, was wir im tiefsten Grunde sind, nicht nur uns als Menschen, sondern den ganzen Kosmos trägt; dass der Urgrund des Seins – das, was in der christlichen Tradition Gott genannt wird – Liebe ist. *Gott ist Liebe,* heisst es im Neuen Testament der Bibel.[125] Dann aber, wenn wir unser Leben und das Leben vieler anderer Menschen, auch das Leben anderer Lebewesen, betrachten, sehen wir Leiden, Unglück, Kampf um Leben und Überleben, Gewalt und Grausamkeit. Wenn Gott Liebe ist, warum gibt es in dieser Welt so viel Leiden?

Auf der rationalen Ebene, betrachtet mit unserem Verstand, widersprechen sich auch die verschiedenen Religionslehren. Selbst innerhalb einer Lehre gibt es Widersprüche. Wenn wir zum Beispiel die Evangelien im Neuen Testament lesen, sind die Geschichten (die „Fakten", könnte man sagen) in jedem der vier Evangelien häufig etwas anders beschrieben. Wollen wir es auf der Verstandesebene begreifen, sind wir verwirrt.

Wir sind verwirrt, weil diese Texte über eine Dimension unserer Existenz sprechen, die jenseits dessen liegt, was wir mit unserem Verstand erfassen können. Die Mystikerinnen und Mystiker, aber auch verschiedene Philosophen haben immer wieder betont, dass wir unfähig sind, mithilfe des Verstandes und damit der Sprache die Dimension des Sinns zu erreichen und in logischen Sätzen zu beschreiben.

Ludwig Wittgenstein, einer der grössten Logiker und Philosophen des letzten Jahrhunderts beschreibt die Grenzen unseres Verstandes mit der Metapher der roten Glasglocke.[126] Wir sind in dieser Glasglocke, die alles rot erscheinen lässt, gefangen. Erst wenn wir sie durchbrechen, merken wir, dass Licht nicht rot, sondern farblos ist. Geht man aber zurück in die Glasglocke, in den Raum innerhalb der Grenzen unseres Verstandes, kann man nicht zeigen, dass das Licht nicht rot ist, weil in dieser Glocke eben alles rot erscheint. Eine ähnliche Metapher ist das Höhlengleichnis von Plato.

Das Erleben der spirituellen Dimension lässt sich nicht adäquat in Worten beschreiben. Die spirituelle Dimension liegt jenseits dessen, was wir mit dem Verstand erfassen können. Versuchen wir es trotzdem, ist es, als ob wir in einer nur zweidimensionalen Welt lebten und versuchten, dreidimensionale Objekte zu betrachten.

Auf dem Bild ist ein dreidimensionales Objekt auf einer Ebene, das heisst in zwei Dimensionen, dargestellt. Wir erkennen, dass es sich um einen Stuhl handelt, um ein Objekt aus der dreidimensionalen Welt. Wir erkennen es aber nur, weil wir es aus der Sicht des dreidimensionalen Raums betrachten, was wir allerdings nur können, weil wir in einer dreidimensionalen Welt leben. Würden wir in zwei Dimensionen (in einer Ebene) leben, wären es für uns nur Striche, welche keine Bedeutung haben.

Hier ist ein anderes Bild eines Stuhls, abgebildet aus zwei Perspektiven, von der Seite und von vorne:

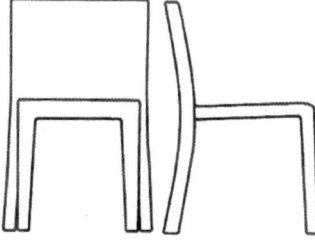

Wir können aus diesen zwei Darstellungen eine Synthese machen und erkennen, dass es zwei Ansichten des gleichen dreidimensionalen Objekts sind. Dies können wir nur, weil wir Objekte im dreidimensionalen Raum gesehen haben.

Bildlich gesprochen, lebt unser Verstand in einer zweidimensionalen Welt, der die dritte Dimension, die spirituelle, fremd ist. Für unseren Verstand gibt es nur Linien, keine Körper, keine dreidimensionalen Objekte. Deshalb sind für unseren Verstand die „Objekte" aus dem dreidimensionalen, dem spirituellen Raum unverständlich. Werden sie durch Menschen, welche die spirituelle Dimension erfahren haben, in Worten beschrieben, erlebt unser Verstand die Berichte als widersprüchlich.

Nur Menschen, die auch den dreidimensionalen Raum erlebt haben, erkennen in den Beschreibungen diese Objekte. Für sie ergibt dann das erste Bild Sinn. Es sind nicht chaotische Linien. Das Denken, das nur die zweidimensionale Welt kennt, kann es aber nicht begreifen.

Der spirituelle Weg

Mit unserem Verstand haben wir keinen Zugang zu der spirituellen Dimension. Auch wenn wir uns von jemandem überzeugen lassen, dass sie real ist, sehen wir in den Beschreibungen keinen Sinn. Die einzige Möglichkeit, einen Zugang zu dieser Dimension zu finden, ist, diese Dimension selbst zu erfahren. Das geschieht nicht auf der Verstandesebene.

In jedem Menschen ist die Fähigkeit zumindest im Keim vorhanden, die spirituelle, sinngebende Ebene zu erleben. Sie lässt sich oft als eine Ahnung von Ewigem, Sinngebendem, als eine Sehnsucht nach Liebe erkennen. Wird dieser Keim zum Wachstum gebracht, ist es möglich, aus der zweidimensionalen Ebene, aus der roten Glasglocke, auszubrechen.

Die meisten Menschen der heutigen Zeit können ohne Hilfe diesen Samen nicht zum Wachsen bringen. Wir werden in einer Welt erzogen, in der das rationale Denken als die höchste Instanz gilt, um Wahrheit zu erkennen. Bildlich gesprochen, es gibt nur die Welt innerhalb der roten Glasglocke. Täglich werden wir mit dieser Art zu denken regelrecht bombardiert.

Ein spiritueller Weg – bildlich gesprochen, ein Werkzeug, das uns hilft, aus der roten Glasglocke, aus der zweidimensionalen Welt, auszubrechen – ist die in diesem Buch beschriebene Praxis der gegenstandslosen Meditation. Sie hilft uns zu sehen, dass das Licht nicht rot ist, dass es auch dreidimensionale Objekte gibt, dass es eine Dimension jenseits der rationalen gibt. Deshalb spricht man vom Erwachen. Wir sehen plötzlich mehr und sehen, dass das, was wir mit dem Verstand begreifen können, nicht alles ist.

Es braucht Zeit und regelmässige Übung, um zu sehen, dass wir mehr sind als unsere Gedanken. Um den Raum der Stille zu erfahren, in dem die Gedanken und Gefühle aufgehoben sind; die Stille, in der ich[127] von der spirituellen Dimension berührt werde, in der ich, in religiöser Sprache ausgedrückt, „Gott zuhören" kann.

Wenn alles still ist, kann das Ewige, das alles Umgreifende wahrgenommen werden, können wir erfahren, dass der Urgrund des Seins Liebe ist. *Gott ist Liebe*, heisst es in der Bibel, und Krishnamurti sagt: «There is no silence without love»[128], *wo Stille ist, ist auch Liebe.* Ist etwas anderes da – Angst, Unzufriedenheit, Trauer, Verlangen nach Befreiung, nach Frieden –, sind immer auch Gedanken und Gefühle dabei, ist keine Stille da. Die Übung der gegenstandslosen Meditation führt uns in die Stille.

Nach der Erfahrung der Stille scheinen uns die spirituellen und religiösen Texte nicht mehr fremd. Wir erkennen in den Texten, den „dreidimensionalen Raum", in dem mehr enthalten ist, als die nur mit dem Verstand betrachteten Worte ausdrücken können.

Dann können uns diese Texte eine Hilfe auf dem Weg zu dem Namenlosen, zu dem Urgrund des Seins sein. Wir sehen dann auch, dass sie viele Gemeinsamkeiten haben, obwohl sie äusserlich sehr unterschiedlich sind, da sie von verschiedenen Personen und religiösen Traditionen stammen, und erkennen, dass sie alle auf die spirituelle Dimension, auf die in der oben erwähnten Metapher dreidimensionale Welt, hinweisen und sie uns näherbringen.

In unserem Kulturkreis stammen diese Texte vor allem aus der christlichen Tradition. Menschen, die gegenüber der christlichen Religion nicht allzu grosse Abneigung oder Feindseligkeit hegen – verursacht vielleicht durch negative Erfahrungen mit der offiziellen Kirche –, müssen daher nicht bei östlichen Religionen Hilfe suchen. Es gibt Texte der christlichen Mystikerinnen und Mystiker, die sich ebenso gut als Begleitung auf dem Weg der gegenstandslosen Meditation eignen.

Die bekanntesten stammen aus dem späten Mittelalter und dem Beginn der Neuzeit. Im deutschsprachigen Raum sind es in erster Linie Texte von Meister Eckehart[129] und von Johannes Tauler[130]. Bis heute werden als Begleitung auf dem spirituellen Weg auch *Die Wolke des Nichtwissens,* ein Text von einem anonymen Autor in mittelalterlichem Englisch, und die Texte des spanischen Mystikers und Heiligen Johannes vom Kreuz gelesen.

Obwohl die Autoren den Weg zur „Schau von Gott" oder „Einung mit Gott" auf unterschiedliche Weise beschreiben, haben sie vieles gemeinsam. Es ist vor allem dieses Gemeinsame, das auch für uns heute auf dem spirituellen Weg der gegenstandslosen Meditation eine Hilfe sein kann.

Etwas, was allen Beschreibungen gemeinsam ist, ist die Leere, die Stille ohne jeden Inhalt, oder das Nichts.

So heisst es bei Meister Eckehart: „Du kannst niemals besser da stehen, als wenn du dich völlig in Finsternis und in Unwissen versetzest. […]Du könntest sagen: ‚Herr, […] wenn der Mensch in solcher Weise in einem reinen Nichts steht, ist es dann nicht besser, dass er etwas tue, was ihm die Finsternis und das Verlassensein vertreibe? Dass ein solcher Mensch etwa bete oder lese oder Predigt höre […]?' Nein! Wisse fürwahr: Ganz still zu stehen und so lange wie möglich, das ist dein Allerbestes."[131]

In einer Predigt sagt Johannes Tauler: „Alles soll sich an sein Nichts halten: Nichts wissen, nichts erkennen, nichts wollen, nichts suchen, nichts haben wollen. Suche weder Empfindung noch Erleuchtung! Entsinke in dein Nicht-Wissen und Nicht-wissen-Wollen!"[132]

Der Autor der *Wolke des Nichtwissens* schreibt an seinen Freund: „Verzichte auf dieses Überall und Irgend zugunsten dieses Nirgend und Nichts."[133]

Wir finden diesen Appell, beim Nichts, bei der Stille zu verweilen, auch im Hinduismus und im Buddhismus. In einem traditionellen Zen-Text lesen wir: „Gebt eure Worte auf, entleert eure Gedanken, dann kommt ihr so weit, das eine Sein zu erkennen."[134]

Ein Zen-Meister, Shunryu Suzuki, der Ende der Sechzigerjahre ein Zen-Zentrum in San Francisco leitete, drückt es in einer simplen Sprache so aus: „Wir müssen durch das Tor der Leerheit gehen."[135]

Wie es der Name schon sagt, führt die gegenstandslose Meditation, auch objektfreie Meditation genannt, genau zu dieser Leere, dieser Stille, zu diesem Nichts.

Das Nichts

Warum finde ich Gott[136] nur im Nichts? Weil Gott der absolute Halt ist. Solange ich an „etwas" Halt finde, an etwas hänge, sei es auch das Kleinste oder auch das Heiligste, hänge ich eben an „etwas". Und alles „Etwas" ist veränderlich, vergänglich, kann nicht einen absoluten Halt geben. Gott ist das, was bleibt, wenn alles andere versagt.[137] Um Gott zu erfahren, muss ich erfahren, dass alles andere versagt. Das einzusehen ist möglich, wenn ich mit der Leere, mit dem Nichts bleibe durch eine Übung, die mich zu der Leere führt.

Je nach psychischer Veranlagung und Konditionierung durch Erziehung und traumatisierende Erlebnisse kann der Weg schwierig und schmerzhaft sein.[138] Es geht dabei nicht um Verzicht auf Angenehmes, um Askese, sondern um Verzicht auf das, was mir im Leben Halt gibt. Deshalb beschreibt Johannes vom Kreuz die Kontemplation (wie die gegenstandslose Meditation in der christlichen Mystik genannt wird) als dunkle

Nacht.[139] Der Mensch muss alles aufgeben, um absoluten Halt zu erfahren.

Rational, auf der Verstandesebene, kann ich den Satz *Gott ist der absolute Halt, das, was bleibt, wenn alles andere versagt* verstehen und nachvollziehen. Ein derartiges rationales Verstehen ist aber nur ein Gedanke. Gott als absoluten Halt zu *erleben*, kann ich nur, wenn ich alles andere aufgebe. Das ist schmerzhaft, aber das Leiden – auch wenn es noch so schwer erscheint – steht in keinem Verhältnis zu dem, was ich gewinne: einen absoluten Halt, die Quelle des Guten, der Liebe, die meinem Leben und dem Ganzen, in dem ich als Mensch lebe, Sinn gibt.

Gedanken kommen und gehen, Erinnerungen verändern sich. Ein unmittelbares Erleben dieses absoluten Halts, des Aufgehobenseins in der Liebe, bleibt bestehen. Deshalb sagt Meister Eckehart: „Der Mensch soll sich nicht genügen lassen an einem gedachten Gott; denn wenn der Gedanke vergeht, so vergeht auch der Gott. Man soll vielmehr einen wesenhaften Gott haben, der weit erhaben ist über die Gedanken des Menschen und aller Kreatur."[140]

Dieser Halt ist unabhängig von den Umständen, von der Situation, in der ich lebe, und er ist vor allem auch unabhängig von meinem Ich. Das weiss ich, weil die Erfahrung des absoluten Halts als Geschenk kommt, als etwas, was ich – mein Wille, mein Ich – nicht herbeiführen kann. Mit meinem Willen kann ich mich nur entscheiden, den Weg zu gehen, der nach Berichten vieler Menschen zu dieser Erfahrung führt. Einen Weg, der für diese Erfahrung empfänglich macht, könnte man sagen. Wann und wie das Geschenk kommt, entzieht sich meinem Willen und meinem Wissen.

Nach dem Bericht im Johannesevangelium sagt Jesus: „Der Wind weht, wo er will; du hörst sein Brausen, weisst aber nicht, woher er kommt und wohin er geht. So ist es mit jedem, der aus dem Geist geboren ist."[141]. In einem Vortrag von Krishnamurti heisst es: „Sie können den Wind nicht einladen, aber Sie müssen das Fenster offen halten."[142]

Die gegenstandslose Meditation ist ein Weg zu dieser Erfahrung; es ist nicht der Einzige, aber ein bewährter und direkter. Sie hilft mir, zu erkennen, dass meine Gedanken nur Gedanken sind und meine Gefühle Gefühle, dass ich mit ihnen nicht identisch bin. Sie hilft, zu sehen, dass alles, an dem ich Halt finde, vergänglich und der Veränderung unterworfen ist und deshalb keinen absoluten Halt bieten kann – seien es materielle oder ideelle Objekte, wie Geld oder Anerkennung, an denen ich Halt zu haben glaube. Die regelmässige Übung führt mich an den Ort, wo ich den absoluten Halt, die spirituelle Dimension meiner Existenz als mein eigentliches Wesen erleben kann.

Der Weg verlangt volle Hingabe, Ausdauer und Kraft. Hingabe ist nötig, um alles, an dem ich Halt finde, aufgeben zu können. Sie ist nötig, damit die Übung ihre Wirkung entfalten kann. Während der Übung ist nur die Übung da: der Atem, die Stille. Man könnte heute sagen: Ich muss mich auf die Übung voll und ganz einlassen. Ich muss voll dabei sein, mit meinem Körper, meinem Geist und meinem Herz.

Hingabe bedeutet auch Respekt, Pietät und Demut, entsprechend dem Wissen, dass ich mich einem Ort nähere, wo ich dem absoluten Halt, dem Absoluten schlechthin begegnen kann. Während der Übung bin ich nur auf das Eine ausgerichtet. Mit meiner ganzen Aufmerksamkeit und Liebe. Alles ist dabei, meine Gedanken, meine Gefühle, mein Körper: Alles ist da, voll bei der Übung, mithilfe meines Atems, den ich als Anker brauche. Mein Atem – vielleicht verbunden mit einem begleitenden Wort, das ich mit jedem Atemzug im Geist ausspreche – hilft mir, jetzt, in diesem Augenblick, hier zu sein und mich nicht durch äussere Ereignisse oder Gedanken und Gefühle, die aus meinem Inneren kommen, ablenken zu lassen.

Vielleicht denke ich: „Ohne Hingabe und Demut kann ich auch auf den Atem fokussieren und voll und ganz dabei sein." Ich bin aber ohne Hingabe nicht ganz dabei, sondern in meinem Ich verankert, das an der Übung nicht teilnimmt.

Wir finden die Beschreibung der vollen und absoluten Hingabe sowohl in den Texten der christlichen Mystikerinnen und Mystiker als auch in den östlichen Religionen.

Einige Zitate:

Johannes Tauler sagt in einer Predigt: „Suche nichts als ein reines, einfaches Entsinken in das reine, einfache, unbekannte, namenlose, verborgene Gut, das Gott ist."[143]

Jesus sagt im Matthäusevangelium: „Wer mein Jünger sein will, der verleugne sich selbst, nehme sein Kreuz auf sich und folge mir nach."[144]

Ayya Khema, eine deutschsprachige buddhistische Nonne und Lehrerin, sagt: „Wenn wir uns nicht wenigstens zeitweilig hingeben können, ist es unmöglich, mit dem Denken aufzuhören ... Aber in dem Moment, wo wir gewillt sind, uns hinzugeben, wird Meditation möglich."[145]

In der Bhagavad Gita sagt Krishna, die Inkarnation des höchsten Gottes, dem Helden Arjuna: „Aber durch ungeteilte Hingabe, Arjuna, kann man mich auf solche Weise erkennen und schauen, wie ich wirklich bin."[146]

Diese und andere aus der religiösen Tradition stammenden Texte können auf dem spirituellen Weg eine grosse Hilfe sein.

Es gibt Menschen, für welche die Religionslehren, in deren Kontext diese Texte geschrieben worden sind, ein Hindernis sind. Für diese Frauen und Männer ist es gut zu wissen, dass der Weg der gegenstandslosen Meditation auch unabhängig von religiösen Konzepten gegangen werden kann. Drei solche von einer Religionslehre unabhängige Perspektiven, die den Weg der gegenstandslosen Meditation beschreiben, sind in diesem Buch aufgeführt.

Allerdings geht auch der von Religionslehren unabhängige Weg durch die Leere. Auch hier muss ich alles lassen, um den absoluten Halt und Frieden zu erfahren. Und auch hier kann er durch schwierige Phasen führen.

Durch das regelmässige Verweilen beim Atem während der gegenstandslosen Meditation ändert sich nach gewisser Zeit meine Haltung. Ich sehe meine Gedanken und Gefühle klarer und ohne Beschönigung. Ich merke, dass in mir Impulse entstehen, welche ich bei anderen Personen verurteile und bei mir meist verdränge und dass es kaum Gedanken oder Gefühle gibt, die in mir nicht entstehen könnten. Diese Erkenntnis kann schmerzhaft sein.

Setze ich die Übung fort, merke ich immer deutlicher, dass mein Bewusstsein, hinter oder zwischen den Gedanken und Gefühlen, leer ist. Es gibt dann auch Augenblicke, in denen mir auch mein Ich substanzlos erscheint. Ich sitze hier vor und mit der Leere. Dieser Weg durch die Leere, das Nichts hindurch ist schwierig und kann Angst erzeugen.

Die Meditationspraxis stärkt aber zugleich durch das tägliche Verweilen mit mir selber, dadurch dass ich mein Inneres sehe und meine Gefühle und Gedanken bewusst wahrnehmen kann, meine psychische Stabilität. Ich erfahre immer wieder den Raum der Stille, in dem alles aufgehoben ist und der mir Halt gibt.

Die Fortsetzung der Praxis trotz der schwierigen Erfahrungen ist, wie bei dem religiösen Weg, nur mit einer vollen Hingabe möglich. Nur wenn ich bereit bin, alles loszulassen, kann ich den Weg weitergehen. Das Ausharren in der regelmässigen Praxis führt dann zu der Erfahrung meines eigentlichen Wesens. Ich erfahre, dass ich eins bin mit der Leere, mit der ich während der Meditation verweile und die alles umschliesst und trägt. Wie die Welle, wenn sie tief in sich hineinblickt, erkennt, dass sie ein Teil des unermesslich grossen und unvorstellbar tiefen Ozeans ist.

Mit dieser Erfahrung erlebe ich einen tiefen Sinn, Frieden, Freude und Liebe zu allem und allen. Mein Ich, alle Menschen, alles, was uns als Menschen trägt, ist aufgehoben in der Liebe. Insofern ist die gegenstandslose Meditation, auch losgelöst von religiösen Lehren, ein spiritueller Weg.

Unabhängig davon, was mich in der Praxis der gegenstandslosen Meditation leitet, ob ein religiöses Konzept oder ein von religiösen Vorstellungen freies Leitmotiv, kann die Erfahrung der spirituellen Dimension nicht mit Worten beschrieben werden. Jede Beschreibung und so auch der obige Text greift zu kurz und gibt ein verzerrtes Bild wieder. Für das Kennenlernen der spirituellen Dimension gibt es nur den persönlichen Weg, die eigene direkte Erfahrung. Auf der Verstandesebene, mit Worten, kann dieses „Wissen" nicht weitergegeben werden.

Integration in den Alltag[147]

Mit den Erfahrungen, die ich auf dem spirituellen Weg mache, ändert sich auch meine Haltung im Alltag. Meine Einstellung wird mehr und mehr durch den Willen bestimmt, im Alltag in Übereinstimmung mit meiner inneren Haltung – mit den ethischen Werten, deren Quelle ich erfahren habe – zu handeln.

Ich merke dann aber, dass es mir nicht immer – vielleicht sogar meistens nicht – gelingt, die spirituellen Werte, allen voran die Liebe, im Alltag zu leben. Ich brauche eine Hilfe, eine Stütze. Wie ich die Fokussierung auf den Atem während der Meditation als Stütze brauche, um zu mir zu kommen, brauche ich auch im Alltag eine Stütze, der ich mich bewusst zuwenden kann.

Eine solche Stütze im Alltag können Gebote sein wie *Du sollst deinen Nächsten lieben wie dich selbst.*[148] Eine bessere Stütze ist ein Konzept, aus dem sich eine ethische Haltung den anderen Menschen gegenüber sozusagen von selbst ergibt. Im Unterschied zu unserer Haltung während der Meditation, wo wir alle Konzepte loslassen und mit dem Atem, der Leere, sitzen, können im Alltag Konzepte, denen ich mich bewusst auch auf der rationalen Ebene zuwenden kann, hilfreich sein.

Ein Konzept, das den Autor anspricht und ihm im Alltag hilft, wurde von Simone Weil, einer grossen französischen Philosophin und Mystikerin, in einem Aufsatz mit dem Titel „Eine Studie für eine Deklaration der Pflichten gegen das menschliche Wesen" dargelegt.[149]

Sie nennt ihr Konzept, das sie am Anfang des Aufsatzes beschreibt, „Glaubensbekenntnis". Das Bekenntnis fängt an mit der Feststellung, dass es ausserhalb des Materiellen, das wir mit unseren Sinnen wahrnehmen können, ein absolut Gutes – eine absolute Liebe, könnte man sagen – gibt. Diese Realität können die Menschen weder mit ihren Sinnen noch mit ihrem Verstand erreichen.

In jedem Menschen entspricht das Streben nach einem absoluten Guten dieser Realität. Aus diesem Samen kann die Verbindung zu dieser ausserweltlichen Realität wachsen. Auf diese Weise fliesst durch diese Verbindung das Gute auch in unsere Welt.

Dieser Samen ist in jedem Menschen vorhanden. Wegen dieses Samens und damit der Möglichkeit der Verbindung mit dem absoluten Guten gilt für Simone Weil jedes menschliche Wesen, ohne eine einzige Ausnahme, als etwas Heiliges, vor dem wir zu Ehrfurcht, zu Respekt verpflichtet sind. Es heisst in ihrem Glaubensbekenntnis: „Alle menschlichen Wesen sind absolut identisch, insofern sie als Wesen verstanden werden können, die aus einer zentralen Forderung nach Gutem bestehen, um welche seelische und körperliche Materie gelagert ist."[150]

Wird mir das bewusst, kann ich nicht anders, als jeden Mitmenschen mit Ehrfurcht, mit Respekt zu behandeln und für jedes menschliche Wesen das Gute zu wollen. Ein solches Konzept, wenn geglaubt, wenn im

Innersten als Wahrheit erlebt, führt zu einer ethischen Haltung allen Menschen gegenüber.

Das Konzept beschreibt das Gleiche, was uns die Metapher der Welle und des Ozeans mitteilen will. Wenn wir auf dem Weg der gegenstandslosen Meditation die Berührung durch die spirituelle Dimension erfahren, ist es, als ob die Welle, die tief in sich hineinblickt, den Ozean berührt. Dabei wird ihr nicht nur die unermessliche Tiefe ihres eigenen Wesens bewusst, sondern sie sieht dann auch, dass alle anderen Wellen in demselben Ozean ihren Ursprung haben, dieser Ozean *sind*. Diese Erfahrung führt zu einer Änderung der Haltung mir selber und allen anderen Menschen gegenüber.

Das Gleiche meint der Dalai Lama, wenn er sagt: „Unabhängig davon, ob wir einer Religion angehören oder nicht, haben wir alle eine elementare und menschliche ethische Urquelle in uns. Dieses gemeinsame ethische Fundament müssen wir hegen und pflegen."[151]

Man könnte allerdings einwenden: Diese Konzepte, beschrieben in den Texten von Simone Weil und dem Dalai Lama, und die Metapher über die Welle und den Ozean zeigen mir etwas Wichtiges und Schönes. Sie sprechen mich an, in der Meditation erfahre ich es auch so. Im Alltag meldet sich jedoch mein Ego: mit seinen Reaktionen von Ärger, von Angst, von Streben nach Geltung und Vergeltung, mit der Betrachtung anderer Menschen als Konkurrentinnen und Konkurrenten oder gar Feinde.

Gibt es da eine Abhilfe? Ja: Achtsamkeit.

Achtsamkeit im Alltag heisst in erster Linie, mein Ich klar zu sehen. Meine Reaktionen, welche durch meine Veranlagung, meine Erziehung und meine Lebenserfahrungen – vielleicht schwere Verletzungen während der Kindheit – mitbestimmt sind.

Achtsamkeit heisst aber auch, nicht zu urteilen. Verurteile ich mich für eine Reaktion – einen Gedanken, ein Gefühl, eine Handlung –, ist es nicht Achtsamkeit, sondern eine Reaktion meines Egos, meines Ichs. Mein Ego strebt an, als guter Mensch dazustehen, und Ärger, Wut, Schadenfreude, Neid, Machtgier gehören nicht zum guten Menschen. Achtsamkeit im Alltag heisst, klar mein Ich zu sehen, ohne zu urteilen.

Sehe ich in mir Reaktionen von Ärger, Wut oder Feindlichkeit, kann die Vergegenwärtigung des Konzepts im Glaubensbekenntnis von Simone Weil eine Hilfe sein. Es wird mir dann bewusst, dass auch meine Frau, mein Mann, meine Schwester oder mein Schwiegervater, meine Chefin, der unzufriedene Kunde, die Spielverderberin in meinem Team, die meine guten Ideen kritisiert, und dass auch ich, in dem jetzt Ärger oder Wut aufsteigt, dass wir alle Wesen sind, in welchen der Samen liegt, der sich mit Gutem verbinden möchte und kann.

Es wird mir bewusst, dass jedes menschliche Wesen, und deshalb auch die Person, mit der ich jetzt spreche oder an die ich denke – und deshalb auch ich selber –, etwas Heiliges ist, umgeben von der körperlichen Materie und den von aussen wahrnehmbaren Eigenschaften – auch dann, wenn ich den Eindruck habe, sie verhalte sich nicht dementsprechend.

Das Sehen meiner Reaktionen und die Vergegenwärtigung des Konzepts von Simone Weil oder der Wellenmetapher hilft *direkt* in einer Situation, in der ich mit anderen Menschen in Beziehung trete.

Es gibt drei Hilfsmittel, die uns im Alltag auf eine *indirekte* Weise unterstützen. Sie stärken alle unsere Fähigkeit, im Alltag achtsam zu sein. Die Änderung unseres Verhaltens geschieht durch sie, meist ohne dass wir uns dessen bewusst sind.

Das erste und erfahrungsgemäss wichtigste dieser drei Hilfsmittel ist die tägliche Sitzmeditation. Zwanzig Minuten oder länger, am besten am Morgen, bevor der (All-)Tag beginnt, mit dem Atem, mit der Leere, zu sitzen. Die Wirkung ist hier wie gesagt nicht unmittelbar merkbar, auch nicht gleich am ersten Tag. Es ist sogar möglich, dass ich nach der Meditation gereizter oder empfindlicher, mit stärkeren Emotionen reagiere als vorher.

Bei regelmässiger Übung wächst aber mit der Zeit unsere Fähigkeit, im Alltag achtsam zu sein. Ich sehe öfter und klarer meine Reaktionen, ohne sie verstehen oder erklären zu müssen, und entdecke immer neue auf einer noch tieferen, noch weniger bewussten Ebene –

auch nach zwanzig Jahren Meditation. Es ist eine lebenslange Aufgabe und Entdeckungsreise.

Bei regelmässiger Übung wächst auch meine Fähigkeit, nicht zu urteilen. Es wird mir im Alltag schneller bewusst, dass es darum geht, *zu sehen,* statt *zu verurteilen;* mit liebevoller Zuwendung zu sehen.

Eine weitere Hilfe, um die Achtsamkeit im Alltag zu stärken, ist die bewusst achtsame Ausführung von Routinetätigkeiten. Neben dem regelmässigen Sitzen am Morgen kann ich mir vornehmen, jedes Mal beim Duschen, Zähneputzen oder Zum-Bus-Gehen achtsam zu sein, indem ich die Bewegungen bewusst ausführe und meine Empfindungen während dieser Tätigkeit wahrnehme, ähnlich wie beim achtsamen Gehen während eines Meditationskurses.

Schliesslich gibt es die Möglichkeit, sich zusätzlich zur Meditation am Morgen während der Arbeit ein Zeitfenster von drei bis fünf Minuten für eine Achtsamkeitsübung zu schaffen. An einem Ort, wo ich weiss, dass ich nicht gestört werde, komme ich zu meinem Atem, werde mir meines Körpers, meiner Gedanken und meiner Gefühle und Impulse bewusst und gehe dann zurück zum Atem, mit dem ich bis zum Schluss dieses Zeitfensters bleibe.[152]

Die alltägliche Praxis der Sitzmeditation und der zwei anderen Übungen stärkt nicht nur meine Fähigkeit, im Alltag achtsam zu sein. Die regelmässige Praxis bewirkt, dass mir häufiger und mit mehr Klarheit die

Stille, in der alles aufgehoben ist, bewusst wird. Ich erlebe dann auch, dass dieser Raum der Stille oder Leere der Raum der Liebe ist. Eine Realität, die immer da ist, unabhängig von dem, was ich tue oder denke. Eine Realität, die jeden Augenblick neu mit Sinn und Liebe füllen kann.

Anhang 2:

Glaube und Wissen

Einleitung

Der nachfolgende Text ist ein Versuch, die zwei Begriffe *Erfahrung* und *Glaube* zu umschreiben, von denen dieses Buch direkt oder indirekt immer wieder Gebrauch macht. Es appelliert an den Glauben, an das Vertrauen der Leserinnen und Leser, um einen Weg anzutreten, der zur Erfahrung, zum Wissen, führt.

Die Begriffe Erfahrung und Glaube können – wie die meisten Worte – unterschiedliche Bedeutungen haben. Es gibt zahlreiche Werke, die sie präziser und stilistisch gekonnter definieren als die vorliegende Abhandlung.

Trotzdem scheint es dem Autor angebracht, einen Versuch zu unternehmen, sie auf ihre Bedeutung – wie er sie sieht – zu untersuchen. Sie sind in unserer westlichen Kultur mit ihrer religiösen, philosophischen und auf dem Verstand und logischem Denken ruhenden wissenschaftlichen Tradition mit vielen Bildern und zum Teil schweren Vorurteilen befrachtet. Eine Klarheit darüber, welche Bedeutung die Begriffe für den Autor haben, kann zu einem besseren Verständnis beitragen, was das Hauptanliegen dieses Buchs ist.

Erfahrung

Erfahrung ist das, was ich wahrnehme, was ich erlebe. Es sind Ereignisse ausserhalb von mir und in mir, die mir bewusst werden. Erfahrung findet unmittelbar während der Wahrnehmung statt, während des Erlebens. Eine Erfahrung muss aus meinem Gedächtnis abrufbar sein, damit ich mich an sie erinnern und mich auf sie auch berufen kann.

Es versteht sich von selbst, dass die Erfahrung nur einen sehr kleinen Teil (viel kleiner als zum Beispiel ein Hunderttausendstel) aller Ereignisse darstellt, die in meiner Umgebung und in meinem Inneren (sei es das körperliche oder psychische Innere) in der Zeit stattfinden. Es wäre angesichts dieser Tatsache eine Anmassung, von einem Ereignis oder einem Objekt zu behaupten, es existiere nicht, nur weil ich es nie wahrgenommen habe.

Was ich erfahre – bewusst wahrnehme – und ob ich das, was wichtig ist, erfahre, hängt einerseits von meiner Wahrnehmungsfähigkeit und andererseits von meiner Haltung ab. Wenn ich die Augen halb geschlossen habe oder wenn ich Ohrstöpsel trage, ist meine Wahrnehmungsfähigkeit für visuelle oder akustische Ereignisse reduziert. Desgleichen, wenn ich nur halb wach, wenig aufmerksam oder unter dem Einfluss von Alkohol oder anderen Substanzen bin. Aber auch im wachen Zustand kann es je nach Haltung sein, dass etwas Wichtiges nicht wahrgenommen wird, wenn zum Beispiel meine Aufmerksamkeit auf etwas anderes gerichtet ist. Dieser Tatsache bedienen sich viele Zaubertricks, indem durch eine geschickte Ablenkung unserer Aufmerksamkeit die Ereignisse, welche den Trick erklären würden, unbemerkt bleiben.

Erfahre ich etwas, brauche ich mich nicht zu fragen, ob ich es glaube oder nicht. Wenn ich einen roten Farbstift auf dem Tisch sehe, weiss ich es, ich nehme direkt wahr, dass ich einen Farbstift sehe. Bin ich dabei wach und psychisch gesund, wird eine andere wache und psychisch gesunde Person diesen Farbstift auch sehen, wenn sie von meinem Standort aus in die gleiche Richtung schaut. Weder für mich noch für die anderen Personen ist das eine Sache des Glaubens, sondern der Erfahrung.

Ähnliches gilt für innere Ereignisse. Während ich sie erfahre, weiss ich, dass sie da sind und ich sie wahrnehme. Wenn ich zum Beispiel Freude empfinde, weiss ich es und muss nicht dran glauben, dass ich Freude empfinden kann. Ich weiss es, auch wenn andere Menschen keinen Zugang zu einer direkten Erfahrung dieses Ereignisses haben, wie bei dem Beispiel des Farbstifts. Umgekehrt habe ich keinen Zugang zu den inneren Ereignissen anderer Menschen. Ich weiss aber, dass ich häufig lache, wenn ich Freude empfinde. Wenn jemand lacht oder auf eine andere Weise Freude zum Ausdruck bringt, kann ich daraus schliessen, dass diese Person das Gleiche empfindet wie ich, wenn ich Freude habe. Als Objekt können wir aber die Freude einer anderen Person nicht direkt wahrnehmen. Wir können nur ihre Auswirkung erfahren.

Freude ist etwas, auf das wir nicht zeigen, das wir nicht wie zum Beispiel den roten Farbstift auf dem Tisch gemeinsam mit anderen betrachten können. Sie kann direkt nur von dem Individuum wahrgenommen werden, das sie erfährt. Trotzdem sage ich nicht, ich glaube an Freude; ich weiss aufgrund meiner direkten Erfahrung, dass ich Freude empfinden kann, und muss in diesem Sinn nicht glauben, dass es sie gibt. Am klarsten ist diese Gewissheit, während ich Freude erfahre.

Auch wenn ich aktuell keine Freude empfinde, weiss ich dennoch, dass es sie gibt, aufgrund meiner Erinnerung an diese Erfahrung. Je länger zurück die Erfahrung liegt, umso schwächer wird die Erinnerung und dadurch auch „der Glaube" an die Freude. Wenn ich monatelang keine Freude empfunden habe, weiss ich immer noch, dass es sie gibt, glaube aber vielleicht nicht mehr daran, dass ich sie erleben kann.

Ähnlich verhält es sich mit der *Intensität* von Gefühlen oder Gemütszuständen. Obwohl ich aufgrund eigener Erfahrung weiss, dass es unterschiedliche Grade von Freude gibt, kann ich die Intensität von Freude zu einem bestimmten Zeitpunkt nur subjektiv, nur im Vergleich zu meiner bisherigen Erfahrung einstufen. Die meisten Menschen wissen, welche Erlebnisse bei ihnen zu starken Gemütsreaktionen geführt haben. Durch die stärksten werden wir überwältigt. Es existiert dann nur dieser Zustand, in dem mein Ich aufgeht. Je stärker und länger ein Gemütszustand wahrgenommen wird, umso tiefere Spuren hinterlässt er in einem Menschen. Wir erinnern uns lange an besonders intensive innere Erlebnisse, und nicht selten verändern sie unsere Lebenshaltung.

Direkte Wahrnehmung ist etwas, was ich nicht glauben muss, weil ich es während des Wahrnehmens weiss. Es kann dann nicht die Frage sein, ob ich daran glaube oder nicht. Bin ich mit mir selber ehrlich, kann ich in wachem und nüchternem Zustand wissen, dass eine bestimmte Erfahrung, sei sie eine Sinneswahrnehmung oder ein Gemützustand, stattfindet. Es ist nicht eine Sache des Glaubens, sondern des Wissens.

Eine andere Frage ist selbstverständlich, welche Ursache diese Erfahrung hat. Wenn ich einen roten Farbstift auf dem Tisch sehe, nehme ich an, dass dieser Stift als materielles Objekt auf dem Tisch liegt. Es könnte aber durchaus sein, dass es ein Bild oder ein Hologramm ist, genauso wie der Tisch.

Bei den inneren Ereignissen – Gedanken, Gefühlen und Gemützuständen – machen wir uns auch ein Bild über die Ursachen und Zusammenhänge. Aus der Psychologie- und Psychotherapie-Forschung wissen wir aber, dass die Zusammenhänge häufig viel komplexer sind, als wir denken, und dass es zudem meist viele mögliche Erklärungen für einen Gemützustand gibt, ohne dass wir mit Sicherheit diejenige bestimmen können, welche die richtige oder wahrscheinlichste ist.

Im Gegensatz zu der direkten Erfahrung, wie sie oben beschrieben wurde, sind wir im Hinblick auf die Hintergründe und Zusammenhänge, die zu einer Erfahrung geführt haben, auf Geschichten, Konzepte, Theorien und Lehren angewiesen, die wir entweder glauben, ablehnen oder ungewiss stehen lassen müssen, wenn wir sie nicht selbst durch eine direkte Erfahrung überprüfen können. Zu welchem Teil unser Bild von der Welt, in der wir leben, durch solche Geschichten und Konzepte bestimmt ist, die wir glauben, aber selbst nicht überprüft haben oder nicht überprüfen können, wissen wir nicht. Der Anteil ist aber sicherlich sehr hoch, weit über neunzig Prozent.

Glaube

Das Wort Glaube ist nahe verwandt mit dem Verb „glauben", das im Alltag – im Sinne von vermuten, schätzen, für wahrscheinlich halten – als Meinungsäusserung zu einer konkreten Situation verwendet wird. Wie in: „Ich glaube, er schläft noch", „Ich glaube, er wird vor 12 Uhr ankommen" oder „Er glaubt, dass er das Licht im Keller nicht brennen liess." In diesen Sätzen teilen wir mit, dass wir eine bestimmte Begebenheit als wahrscheinlich annehmen.

In dem Satz „Ich glaube an Gott" wird das Wort „glaube" manchmal auch in diesem konkreten Sinn verwendet: „Ich glaube an die Existenz Gottes." Es gibt hier aber einen wichtigen Unterschied. Der Gläubige betrachtet es nicht als wahrscheinlich, sondern als sicher, dass es Gott gibt. Genauso wie auch der Atheist im absoluten Sinne und nicht als etwas Wahrscheinliches zu wissen glaubt, dass Gott nicht existiert.

Etwas zu glauben, was wir nicht durch direkte Erfahrung überprüfen können, gehört zu unserem Alltag. Es wäre ja gar nicht möglich, sich von allem stets persönlich zu überzeugen: dass meine Frau tatsächlich einkaufen gegangen ist, wie sie gesagt hatte, dass der Bus um 7.07 Uhr, den ich jeden Tag nehme, auch heute fährt, dass der Käse, den ich esse, keine gefährlichen Bakterien enthält usw. Ich weiss dabei aber, dass diese Ereignisse, die ich annehme – an die ich glaube –, mit unterschiedlicher Wahrscheinlichkeit eingetreten sind oder eintreten werden. Auch wenn einige sehr wahrscheinlich sind – zum Beispiel, dass mein Bus auch heute fährt, wenn ich in der Schweiz wohne –, ist eine absolute Sicherheit nicht da. Eine absolute Sicherheit gibt nur die Erfahrung: Wenn ich den Bus kommen sehe, dann weiss ich, dass er auch heute fährt. Bei dieser Form von „glauben" steht mir die Möglichkeit offen, die Sache zu überprüfen und meinen Glauben durch direkte Erfahrung zu Wissen zu machen.

Wie ist es möglich, „an Gott zu glauben", das heisst, etwas, das ich nicht überprüfen kann, mit absoluter Sicherheit „zu glauben" und zu behaupten? Der rationale Mensch versteht es nicht, weil eine solche Haltung dem Verstand widerspricht. Wenn mir jemand sagt, 1326 dividiert durch 16 ergibt 82,875, kann ich es dieser Person glauben, ich werde es aber überprüfen, bevor ich es in einer Diskussion behaupte, wo einige zu einem anderen Resultat kamen. Wie kommt es bei Menschen, die im Alltag ihren Verstand sehr gut anzuwenden wissen, zu dieser irrationalen Haltung? Aufgrund der Berichte von Glaubenden können wir drei mögliche Gründe erkennen.

Die *erste* Möglichkeit ist, dass sich der Mensch dazu entscheidet, an Gott zu glauben – oder als Atheist nicht zu glauben. Ein berühmtes Beispiel für einen solchen Entscheid ist die Pascal'sche Wette. Hier argumentiert Blaise Pascal wie folgt:

„Ihr sagt also, daß wir unfähig sind zu erkennen, ob es einen Gott giebt. Indessen es ist gewiß, daß Gott ist oder daß er nicht ist, es giebt kein Drittes. Aber nach welcher Seite werden wir uns neigen? Die Vernunft, sagt ihr, kann aber nichts entscheiden. Es ist ein unendliches Chaos, das zwischen uns liegt, und wir spielen hier ein Spiel in dieser unendlichen Entfernung von einander, wo Kopf oder Wappen fallen wird. Was wollt ihr wetten? Nach der Vernunft könnt ihr weder das eine noch das andre behaupten; nach der Vernunft könnt ihr keins von beiden leugnen. So werfet denn nicht denen Irrthum vor, die eine Wahl getroffen, denn ihr wißt nicht, ob sie Unrecht haben, und ob sie schlecht gewählt. [...] [E]s muß gewettet werden, das ist nicht freiwillig, ihr seid einmal im Spiel und nicht wetten, daß Gott ist, heißt wetten, daß er nicht ist. Was wollt ihr also wählen? [...] Ihr habt zwei Dinge zu verlieren, die Wahrheit und das Glück und zwei Dinge zu gewinnen, eure Vernunft und euern Willen, eure Erkenntniß und eure Seligkeit, und zwei Dinge hat eure Natur zu fliehen, den Irrthum und das Elend. Wette denn, daß er ist, ohne dich lange zu besinnen, deine Vernunft wird nicht mehr verletzt, wenn du das eine als wenn du das andre wählst, weil nun doch durchaus gewählt werden muß. Hiemit ist ein Punkt erledigt. Aber eure Seligkeit? Wir wollen Gewinn und Verlust abwägen, setze du aufs Glauben, wenn du gewinnst, gewinnst du alles, wenn du verlierst, verlierst du nichts. Glaube also, wenn du kannst."

Pascals Argument lautet, dass eine Analyse der Optionen hinsichtlich des Glaubens an Gott zu folgenden Resultaten führt:

> 1. Man glaubt an Gott, und Gott existiert – in diesem Fall wird man belohnt (Himmel – man hat gewonnen).
>
> 2. Man glaubt an Gott, und Gott existiert nicht – in diesem Fall gewinnt man nichts (verliert aber auch nichts).
>
> 3. Man glaubt nicht an Gott, und Gott existiert nicht – in diesem Fall gewinnt man ebenfalls nichts (verliert aber auch nichts).
>
> 4. Man glaubt nicht an Gott, und Gott existiert – in diesem Fall wird man bestraft (Hölle – man hat verloren).

Aus dieser Analyse der Möglichkeiten folgerte Pascal, dass es besser sei, bedingungslos an Gott zu glauben.[153]

Allerdings war dieser Glaubensakt für Pascal viel einfacher als für uns heute. Wir leben in multikulturellen Gesellschaften, was dazu führt, dass nicht nur eine, sondern mehrere Religionen uns zum Glauben an diese Religion oder Lehre und an diesen „Gott" oder diese „Götter" auffordern. Das heisst, der heutige Gläubige weiss stets, dass er in den Augen anderer Glaubender als Ungläubiger dasteht, da er deren spezifisches Bekenntnis nicht teilt. Wieso entscheidet sich ein Mensch, bestimmte überlieferte von Menschen verfasste Schriften als absolute Wahrheit zu glauben und andere, die etwas anderes behaupten, als Unwahrheit zu betrachten? Warum eine Religion auswählen und andere nicht?

Eine Antwort auf die Frage, warum der Mensch einen rational so schwer begründbaren Entscheid trifft, könnte sein, dass sich der Mensch für einen Gott entscheidet, weil er einen Gott braucht.[154] Dass er die gewählte Religion als die einzig gültige betrachtet, liegt dann vielleicht daran, dass viele Religionen entweder ausdrücklich oder stillschweigend diese Forderung als Teil ihrer Lehre enthalten.

Glaube ich, weil ich mich dafür entschieden habe, stellt sich allerdings auch die Frage, ob ich dann wirklich glaube. Kann sich der Mensch überhaupt dazu zwingen, etwas bedingungslos zu glauben? Ist es nicht vielmehr so, dass ich glauben will, gleichzeitig aber gewisse Zweifel nicht ausschliessen kann? Es sollte hier vielleicht eher von einem Entscheid und von einem klaren Willen gesprochen werden, an die Existenz Gottes und an bestimmte Dogmen zu glauben, und nicht von einem bedingungslosen Glauben.[155]

Neben diesem Glauben an die Existenz Gottes gibt es – *zweitens* – Menschen, die an Gott glauben im Sinne von Vertrauen. Der Glaube an Gott ist dann nicht in erster Linie der Glaube an irgendwelche Tatsachen, sondern der Glaube im Sinne: Ich vertraue[156]. Ich vertraue dem, was Menschen über ihre Erfahrung mit Gott berichteten und berichten, ohne ihre Berichte zu einem absoluten und konkreten Dogma zu erheben. Ich vertraue, dass mein Leben in dieser Welt in Gott aufgehoben ist, und in diesem Vertrauen, in diesem Glauben, gehe ich vielleicht einen Weg, der von Menschen, welche Gott erfahren haben, vorgezeichnet wurde.

Hier ist der Widerspruch zum rationalen Denken weniger stark präsent, weil Vertrauen nicht auf einem Verstandesurteil allein beruht, nicht nur im Denken, sondern auch im Gefühl und in der Gesamthaltung des Menschen seine Begründung und seinen Ausdruck findet. Ich vertraue dem, was diese Menschen berichtet haben, ich finde auf diesem Weg einen Halt für mein Leben, in dem rational betrachtet ein absoluter Halt fehlt. Es geht dann nicht um das Glauben an bestimmte Tatsachen oder Dogmen, nicht um die Mitgliedschaft bei einer Organisation, sondern um meine persönliche Haltung des Vertrauens. Das Vertrauen auf Gott beruht auf Vertrauen in das, was andere Menschen berichten. Es setzt in der Regel eine Sehnsucht nach Halt, nach etwas, in das ich ein absolutes Vertrauen haben kann, voraus.

Sehr häufig kommt der Glaube an Dogmen hinzu. Die Menschen, auf deren Berichte sich der Glaube stützt, gehören häufig zu religiösen oder spirituellen Gemeinschaften, von denen die meisten ihren eigenen Satz von Dogmen haben.

Als *dritte* Möglichkeit, über die berichtet wird, gibt es Menschen, welche zu einem „Glauben" an Gott durch die eigene direkte Erfahrung gelangen. Hier ist das Wort Glaube in Anführungszeichen gesetzt, weil es sich dann um ein Wissen und nicht um Glauben handelt. Diese Erfahrung findet meist statt im Rahmen eines durch eine Religion oder eine spirituelle Lehre vorgezeichneten Wegs.

Nicht alle spirituellen Lehren und Religionen unterstützen den Weg der persönlichen Erfahrung. So gründen zum Beispiel die meisten Kirchen der christlichen Religion in erster Linie auf Dogmen, welche die Gläubigen – als Tatsachen – glauben sollen, und nicht auf einer Förderung des persönlichen Wegs zur eigenen Erfahrung. Trotzdem blickt das Christentum auf eine sehr reiche mystische Tradition zurück mit kostbaren Berichten über den Weg zur direkten Erfahrung der spirituellen Wirklichkeit.[157] Es gibt auch heute viele Christen, welche den Weg der persönlichen Erfahrung gehen.

Im Gegensatz zu den christlichen Institutionen finden wir bei den meisten östlichen Religionsschulen – allen voran beim Buddhismus – den Hauptakzent gerade auf der persönlichen Erfahrung auf einem Weg der regelmässigen Meditation. Das mag ein wichtiger Grund sein, warum heute verschiedene buddhistische Schulen im Westen sehr viele Anhänger finden. Aber auch im Buddhismus gehört zu dem Weg der Glaube – im Sinne von Vertrauen. Im Palikanon sagt Buddha: „[...] any who have simply faith in me, simply love for me, are destined for heaven."[158]

Zusammenfassend lässt sich das Wort Glaube im Zusammenhang mit Religion oder Spiritualität in mindestens drei verschiedenen Bedeutungen verwenden: Glaube an die Existenz Gottes und an die Dogmen als Tatsachen, Glaube im Sinne von Vertrauen und Glaube aufgrund einer direkten Erfahrung des Göttlichen oder Spirituellen.

Glaube und Erfahrung

Wie oben ausgeführt, können wir an die Existenz oder Wirklichkeit der spirituellen Dimension des menschlichen Lebens – die viele Namen erhalten hat, mit Worten aber letztlich nicht erfasst werden kann – glauben oder sie leugnen. Wer sie erfahren hat, kann diese Erfahrung nicht mehr leugnen. Leugnen können wir auch nicht die geschichtliche Tatsache, dass viele Menschen über die persönliche Erfahrung dieser Wirklichkeit berichtet haben und berichten.

Die direkte Erfahrung des Göttlichen, des Numinosen[159] ist eine Dimension der menschlichen Existenz, die gemäss den Berichten jenseits unserer Sinneswahrnehmung, jenseits der Gedanken und damit auch jenseits der Sprache liegt. Sie hat in der Geschichte der Menschheit viele Namen erhalten, bleibt aber letztlich namenlos, weil jede Konkretisierung in Worten diese Wirklichkeit verzerrt. Das ist sicher ein Grund, warum das zweite der zehn Gebote heisst: „Du sollst dir kein Gottesbild machen"[160] – kein Objekt, das du als Gott ansiehst. Bei Laotse lesen wir: „Wer weiss, redet nicht"[161] und Meister Eckehart sagt: „Denn Worte vermögen keiner Natur, die oberhalb ihrer ist, einen Namen zu geben."[162]

In den kanonischen Schriften verschiedener Religionen wird deshalb häufig anstelle einer direkten Beschreibung über diese Wirklichkeit in Gleichnissen gesprochen. So lesen wir zum Beispiel im Neuen Testament immer wieder: „Das Himmelreich gleicht [...]"

gefolgt von einem Gleichnis. Wenn Jesus gefragt wird, wie das Reich Gottes erkannt werden kann, sagt er, was es *nicht* ist: „Das Reich Gottes kommt nicht so, dass man es an äußeren Zeichen erkennen könnte. Man kann auch nicht sagen: Seht, hier ist es!, oder: Dort ist es! Denn: Das Reich Gottes ist mitten unter euch."[163]

Klar zum Ausdruck kommt die Namenlosigkeit des Göttlichen in einer der zentralen Geschichten des Alten Testaments, in der Gott aus einem brennenden Busch zu Mose spricht.[164] Mose fragt mehrmals nach dem Namen, weil er befürchtet, man werde ihm nicht glauben, dass er einen Auftrag von Gott erhalten hat, wenn er seinen Namen nicht kennt. Er erhält die Antwort: „Ich bin, der ich bin", das heisst: namenlos, ohne einen Namen, mit welchem die Menschen ein Objekt bezeichnen, das sich von anderen seienden Objekten unterscheidet und nicht das Sein selbst ist. Ein Name, ein Gedanke, ein Bild kann nicht erfassen, was hinter oder über dem Denken ist, in dem das Denken – als eine der verschiedenen Weisen, wie das menschliche Leben zum Ausdruck kommt – aufgehoben ist.

Die Beschreibung der Erfahrung der spirituellen Wirklichkeit weist grosse Unterschiede auf, die mit der Zeit und dem kulturellen Hintergrund zusammenhängen, in denen sie stattfindet. Auch innerhalb einer Religion können wir eine Wandlung über die Zeit beobachten.[165] Da sich diese Wirklichkeit einer Beschreibung in Worten entzieht, können Berichte über eine Epiphanie, eine Erfahrung des Göttlichen, immer nur eine Annäherung sein. Sie sind selbst nicht dieses „Umgreifende"[166].

Als Bild können sie uns näher an die Erfahrung dieser Dimension heranbringen, wenn sie als Wegzeichen gesehen und nicht zu der spirituellen Wirklichkeit selbst verabsolutiert werden.

Obwohl dieses Göttliche, diese spirituelle Wirklichkeit nicht in Worten erfasst werden kann, ist ihre Erfahrung sehr „konkret" und wirkungsvoll. Der Mensch wird durch ihre Grösse und Intensität überwältigt und in seiner Haltung verändert.

Für die Person, die sie erlebt hat, ist nach dieser Erfahrung die spirituelle Wirklichkeit nicht mehr eine Frage des Glaubens an ihre Existenz. Durch die Erfahrung tritt anstelle des Glaubens das Wissen.

Es handelt sich jedoch um ein persönliches Erlebnis, das durch niemanden bestätigt werden kann. Wenn ich den Bus sehe, auf den ich gewartet habe, weiss ich ebenfalls aufgrund der direkten Erfahrung dieses Ereignisses, dass er heute auch tatsächlich fährt, und brauche das nicht zu glauben. Es handelt sich aber um eine andere Art Wissen als die persönliche Erfahrung des Numinosen, weil diese Wahrnehmung durch andere bestätigt werden kann. Ich bin sozusagen nicht nur auf meine subjektive Wahrnehmung angewiesen. Beim Erleben des Numinosen gibt es niemanden, der mir bestätigen kann, dass die Wahrnehmung stimmt. Es nimmt sie ja ausser mir niemand direkt wahr.

Es stellt sich deshalb die Frage, wie ein Mann oder eine Frau sicher sein kann, dass es sich um die Erfahrung der spirituellen Wirklichkeit, des Numinosen, um eine Epiphanie handelt und nicht um eine Täuschung, sei es eine Autosuggestion oder eine Halluzination.

Dass es sich nicht um eine Halluzination oder einen Wahn handelt, erkennen wir an der Tatsache, dass die Personen, die über diese Erfahrung berichten, nicht psychisch krank[167] sind. Nicht selten sind sie in ihrer Haltung sogar nüchterner und realitätsnäher als ihre Umgebung.

Dass die Person, welche es erlebt, für sich unzweifelhaft weiss, dass es sich um eine „echte" Erfahrung des Numinosen handelt und nicht um eine Täuschung als Folge von Autosuggestion, hat mindestens zwei Gründe.

Der *erste* Grund ist die Qualität und die Intensität der Erfahrung. Sie überwältigt, sie übersteigt alles, was der Mensch bis anhin erlebt hatte. Michael von Brück schreibt zu dieser Erfahrung: „Es ist eine intuitive, direkte Erfahrung, die nicht nach Verifizierung von außen verlangt."[168]

Als zum Beispiel Mose vor dem brennenden Busch steht, hat er keine Zweifel, wer zu ihm spricht.[169] Obwohl er nicht in einer Trance ist, sondern ganz in der Realität. Er macht sich keine Illusionen über seine Volksgenossen und den Pharao. Er sieht ganz realistisch ein, dass diese ihm kaum glauben werden, er habe von Gott einen Auftrag erhalten. Deshalb will er, dass ihm Gott seinen Namen sagt, mit dem er sie überzeugen könnte.

Das gleiche klare Wissen: „Ich erfahre Gottes Präsenz" sehen wir bei Hiob. Das Buch Hiob ist die Geschichte von dessen Ringen um das Verstehen, wieso Gott zulassen kann, dass er, Hiob, so leidet. Wieso es möglich ist, dass Menschen, die gerecht und fromm leben, manchmal viel mehr leiden müssen als Schurken und Bösewichte, die sich um Gott nicht kümmern.

Das ganze Buch bis zu den letzten fünf der 42 Kapitel kreist um diese Frage. Hiobs Freunde, die ihn besuchen und bemitleiden, selber aber das Leiden nicht direkt erfahren, versuchen, ihm zu erklären, dass Gott ja allmächtig ist, dass er als Schöpfer und alleiniger Herrscher machen kann, was er will. Gleichzeitig geben sie Hiob aber auch klar zu verstehen, dass sein Leiden darauf hinweist, dass er in Gottes Augen Unrecht getan hatte, und sie raten ihm, in sich zu forschen, welche Taten oder Gedanken es waren, und Gott um Vergebung zu bitten. Gott würde ja nie einen gerechten Menschen strafen, und wenn ein Mensch leidet, ist es eine Strafe. Hiob anerkennt und sieht auch die Allmacht Gottes, die immer wieder in eindrücklichen Bildern im Kontrast zu der Ohnmacht des Menschen in diesem Buch geschildert wird. Er sieht aber, dass es den Gerechten und Frommen nicht unbedingt besser ergeht als den Gottlosen. Er selber ist ein Beispiel dafür.

Und weil er Gott im Grunde vertraut, peinigt ihn diese Frage. Er ruft Gott immer wieder an und verlangt von ihm eine Antwort, eine Erklärung, um zu verstehen. Es ist für ihn zwar klar, er werde nie gegen Gott lästern, aber er will verstehen, warum der Lauf der Dinge auf dieser Welt so anders sein kann, als sich das der Mensch mit seinem Verstand vorstellt. Im Gegensatz zu den Freunden, die ihm zureden, sieht er die Dinge so, wie sie sind, nicht beschönigt durch Wunschvorstellungen von einem „gerechten" Gott.

Die direkte Erfahrung der Gottespräsenz bringt Hiob die Antwort – ohne dass er eine Antwort auf der Verstandesebene erhält. „Vom Hörensagen nur hatte ich von dir vernommen; jetzt aber hat mein Auge dich geschaut."[170] Das ist für Hiob die Antwort. Die Antwort ergibt sich aus der direkten Erfahrung des Numinosen. Hiob hat keine Zweifel, wer zu ihm spricht. Er weiss – er muss es nicht glauben –, dass es sich um eine Begegnung mit Gott handelt.

Und wenn er sagt „Darum widerrufe ich und atme auf, in Staub und Asche"[171], ist es eine Handlung aus der Freiheit, nicht aus Nötigung. Es ist nicht eine Kapitulation, ein unwilliges, verbittertes oder womöglich masochistisch grundiertes Akzeptieren der Niederlage. Es ist auch nicht Angst, welche Hiob die Antwort gibt, die er so verzweifelt suchte. Es ist das Erkennen durch Sehen, „jetzt aber hat mein Auge dich geschaut", durch die direkte Erfahrung der Gegenwart Gottes. Es ist vielleicht, wie wenn jemand zwei Kugeln vor sich hat, eine in der Grösse eines Mohnsamens und eine so gross wie das kugelförmige Gebilde der Eurosat-Achterbahn im Europa-Park mit einem Durchmesser von 45 m. Es ist keine Nötigung, wenn die Person erkennt, dass die zweite Kugel grösser ist. Sie kann zwar nicht anders entscheiden, wenn sie die beiden Kugeln sieht, sie entscheidet aber in Freiheit.

In den beiden Beispielen ist die äussere Geschichte, das, was geschieht und von aussen durch einen Beobachter oder Leser betrachtet werden kann, nicht unbedingt als die Präsenz des Numinosen erkennbar. Entscheidend für die Qualität des Ereignisses ist das persönliche Erleben.

In der Geschichte von Mose erscheint Gott in einem Busch, der brennt. Es ist zwar eigenartig – der Busch brennt und verbrennt nicht, deshalb geht Mose hin –, aber sicher nichts Spektakuläres. Dass Gott ihm hier erscheint, erfährt Mose, als er zu ihm spricht. Von da an gibt es für ihn keinen Zweifel mehr, dass es sich um eine Begegnung mit dem Numinosen handelt.

Bei Hiob enthält die Antwort Gottes, wie sie in den letzten Kapiteln des Buchs Hiob wiedergegeben ist, kaum etwas, was nicht bereits vorher durch Hiob oder seine Freunde gesagt worden wäre. Praktisch alle Äusserungen über die Allmacht und Grösse Gottes finden wir in der gleichen oder einer ähnlichen Form in den Streitgesprächen mit den Freunden. Die Wirkung und die zweifelsfreie Gewissheit, dass Gott zu Hiob spricht, ergeben sich nicht aus dem, was in Worten gesagt wird oder geschieht, sondern aus der überwältigenden Erfahrung von Gottes Präsenz. Und sie wird nur durch Hiob direkt erlebt, nur er ändert seine Haltung und weiss, dass Gott zu ihm gesprochen hat, dass diese

Erfahrung alles andere, auch sein unbeschreibliches Leiden übersteigt, worauf er keine Fragen mehr hat.

Die Geschichten von Mose und Hiob wurden hier als zwei von vielen Beispielen erwähnt, in denen die Qualität der Erfahrung die Gewissheit gibt, dass es sich um eine Begegnung mit dem Numinosen handelt. Ein anderes bekanntes Beispiel aus der Bibel ist die Bekehrung des Saulus im Neuen Testament. Ähnliche Berichte sind in den kanonischen Schriften anderer Religionen zu finden.

Bei allen in den verschiedenen Religionen tradierten Geschichten könnte freilich heute der Einwand erhoben werden, dass es sich nicht um historisch gesicherte Ereignisse handelt. Weder für Mose noch für Hiob ist der Nachweis erbracht, dass sie als diese Menschen tatsächlich gelebt haben. Gesichert ist nur, dass die schriftlichen Berichte einige Jahrhunderte vor dem Beginn unserer Zeitrechnung bereits existierten. Der fehlende historische Nachweis mindert allerdings nicht den Wert dieser Überlieferungen als Beispiele oder Prototypen im Hinblick auf die Qualitäten dieser Erfahrung und auf die Umstände, die sie begleiten.

Es gibt aber auch zahlreiche Berichte von Frauen und Männern aus der Neuzeit, welche diese transpersonale Dimension erfahren haben. Einige Beispiele sind Henri Le Saux[172], Madeleine Delbrêl[173], Simone Weil[174] Ruben L. F. Habito[175], Gangaji[176], Eckhart Tolle[177] und Willigis Jäger[178]. Auch bei diesen Personen hinterlässt die Qualität und die Intensität der Erfahrung keinen Zweifel, dass es sich um eine Begegnung mit dem

Numinosen handelt. Begriffe wie Gott, die eine Wirklichkeit, das Jetzt, der allen Verstand übersteigende Frieden, die Freiheit, die bedingungslose, alles umfassende Liebe werden verwendet, obwohl sich die Berichte darin einig sind, dass es sich bei dieser Erfahrung um etwas handelt, das mit Worten letztlich nicht beschrieben werden kann.

Simone Weil schreibt in einem Brief an einen Priester: *(...) An dieser meiner plötzlichen Übermächtigung durch Christus (waren) weder Sinne noch Einbildungskraft im geringsten beteiligt; ich empfand nur durch das Leiden hindurch die Gegenwart einer Liebe gleich jener, die man in dem Lächeln eines geliebten Antlitzes liest. (...) Ich hatte nie irgendwelche Mystiker gelesen, weil ich niemals etwas gespürt hatte, das mir sie zu lesen befahl. (...) Gott in seiner Barmherzigkeit hatte mich gehindert, die Mystiker zu lesen, damit mir unwiderleglich klar würde, dass ich diese völlig unerwartete Berührung nicht aus Eigenem erdichtet hatte.*[179]

Der *zweite* Grund, warum die Erfahrung nicht als Täuschung oder Autosuggestion abgetan werden kann, sondern als etwas Genuines, zur menschlichen Existenz Gehörendes, betrachtet werden muss, ist ihr wiederholtes Auftreten in verschiedenen Kulturen und Zeitepochen. Obwohl sie in Worten nicht kommuniziert werden kann, als objektives Wissen nicht greifbar ist, besteht objektives Wissen in Bezug auf die geschichtliche Tatsache, dass über diese Erfahrung in verschiedenen Erdteilen, Kulturen und Zeiten, einschliesslich der heutigen, berichtet wird und dass die Berichte auf die gleiche Wirklichkeit hinweisen[180].

Das Wissen über die spirituelle Wirklichkeit

Die Wirklichkeit der spirituellen Dimension ist für die, welche sie erlebt haben, nicht eine Frage des Glaubens. Sie ist ein auf direkter Erfahrung beruhendes Wissen. Unabhängig davon, dass es als persönliche Erfahrung nicht direkt durch andere Menschen bestätigt werden kann, sind ihre Berichte eine geschichtliche Tatsache. In diesem Sinn gehört die spirituelle Dimension der menschlichen Existenz zu unserem kulturellen Erbe, zu unserer Geschichte als Menschen im einundzwanzigsten Jahrhundert nach Beginn unserer Zeitrechnung.

Die Tatsache, dass ihre Wirklichkeit als belegt gilt, sei es durch direkte Erfahrung oder als geschichtliche Tatsache, und nicht geleugnet werden kann, sagt indes nichts über die Ursache dieser Erfahrung.

In dem im Abschnitt „Erfahrung" erwähnten Beispiel mit dem roten Stift kann ich mit Hilfe meiner anderen Sinne das Objekt untersuchen und dadurch erkennen, ob die Ursache meiner Wahrnehmung des Farbstiftes ein Bild, ein Hologramm oder ein Stift ist, mit dem ich schreiben kann. Freilich gibt es auch hier, schon aus praktischen Gründen, Grenzen im Hinblick auf das Aufklären aller Umstände, welche zu meiner Erfahrung, dass ich den Stift auf dem Tisch sehe, führen. So ist es für mich vielleicht nicht möglich herauszufinden, wer den Stift auf den Tisch gelegt hat und welcher Zweck damit verfolgt wurde, wer ihn gekauft hat, wo und aus welchen Rohstoffen die Farbe hergestellt wurde usw. Theoretisch kann ich aber beinahe grenzenlos den Ursachen nachforschen.

Bei der Erfahrung der spirituellen Dimension ist uns die Erforschung der Ursachen dadurch verwehrt, dass sie nicht als Objekt und damit als Begriff fassbar ist. Ihre Erfahrung ist zwar eine konkrete Realität; alle Vermutungen über ihre Ursache und Entstehungsweise indes sind Hypothesen, die auf ihre Richtigkeit letztlich nicht überprüft werden können[181].

Streng rational betrachtet, können wir nicht einmal sicher sein, ob diese Erfahrung eine Einwirkung einer Kraft – eines Gottes, einer materiellen oder immateriellen Energie – benötigt, die sich ausserhalb unserer körperlichen Hülle befindet. Der Mensch könnte so beschaffen sein, dass in ihm die Möglichkeit dieser Erfahrung angelegt ist. Das mag sogar als Schöpfungsakt „anspruchsvoller" sein, als einen Menschen zu schaffen, auf den „Gott und die Engel" einwirken, um ihn zu lenken. Wir wissen es nicht und erfahren hier die absolute Grenze unserer Möglichkeiten, mit Hilfe des Verstandes das Wesen des Menschen zu erforschen. Dass wir in der Geschichte viele – aber eben unterschiedliche – Theorien oder Lehren antreffen[182], bestätigt unser Unvermögen, die spirituelle Dimension in rationale Begriffe zu fassen.

Das Unwissen im Hinblick auf die Ursachen und die Mechanismen, welche zur Erfahrung der spirituellen Wirklichkeit führen, schmälert indes keineswegs deren existenzielle Bedeutung für den Menschen als Individuum und für die Menschheit als Ganzes. Sie ist die Quelle ethischer und moralischer Werte und damit auch die einzige Dimension unserer Existenz, die einen tiefen, von den äusseren Umständen unabhängigen Sinn und einen inneren und zwischenmenschlichen Frieden spendet. Sie ist die Quelle des höchsten Wertes schlechthin, den wir als Menschen auf dieser Welt erleben können: der Liebe – Liebe als bedingungslose Annahme und Mitgefühl. Sie ist dadurch auch die einzige Grundlage, welche ein friedvolles Zusammenleben der Menschen ermöglichen könnte[183].

Diese Quelle steht über den spirituellen Weg allen Menschen offen. Dieser Weg ist allerdings lang und kann durch sehr schwierige Phasen führen. Mose musste gemäss der in der Bibel überlieferten Geschichte vierzig Jahre in der Wüste verbringen, und Hiob ging durch unvorstellbare Leiden hindurch, bevor ihnen diese Erfahrung geschenkt wurde. Auch nach der Erfahrung wird das Leben für die Person, welche diesen Weg geht, nicht einfacher und frei von Leiden. Aber das Leben ist erfüllt mit Sinn, Frieden und Liebe, die alles andere übersteigen.

Ergänzende Informationen

Danksagung

Henri Le Saux schreibt im Gedicht „Das andere Ufer": *„Der Mensch geht hinüber zum anderen Ufer seines Herzens im grossen Sakrament des Universums und der Menschheit. Jeder Mensch, dem er begegnet und jedes Wesen, das er trifft, ist sein Fährmann, [...]".*[184]

Das vorliegende Buch konnte nur entstehen, weil mir „der Weg zum anderen Ufer" als die wichtigste Aufgabe während meiner Existenz als Mensch bewusst wurde. Dass ich ihn angetreten habe und gegangen bin, verdanke ich unzähligen „Fährmännern und Fährfrauen". In diesem Sinne würde die Liste derjenigen, denen ich meinen Dank aussprechen sollte, ein zweites Buch füllen. Die Fährmänner und Fährfrauen, die mir am engsten und am längsten als Helfer zur Seite standen, sind meine Eltern, meine Geschwister, meine engsten Freunde, meine Ehefrau und meine Kinder: Helena, Bedřich, Lydia, Rut, Jana, Pavel, Maria, Honza, Ivo, Andi, Beatrix, Joan, Kaspar. Zum entscheidenden Schritt auf dem Weg verholfen hat mir das Buch *Die Suche nach dem Sinn des Lebens* von Willigis Jäger, der auch mehrere Jahre mein spiritueller Lehrer war. Durch die Lektüre seines Buchs konnte ich die gegenstandslose Meditation als spirituellen Weg vor mehr als zwanzig Jahren kennenlernen.

Dass meine Texte zur Publikation gelangen konnten, verdanke ich – als Nichtschriftsteller – der Hilfe von einigen sprachgewandten Personen, die das Korrektorat und Lektorat mit viel Geduld und Verständnis übernommen haben: Monika Künzi, Martin Frischknecht,

Urte Knefeli und Eveline Blum, die einige dieser Texte in einem Frühstadium redigiert hatte, noch bevor sich der Gedanke, sie in einem Buch zu veröffentlichen, abzeichnete. Peter Gottwald aus Oldenburg und Andreas Tenzer aus Köln haben freundlicherweise die erste Version dieses Buches gelesen. Ihre sehr wertvollen Anregungen haben mir bei der definitiven Gestaltung der Texte geholfen.

Einige Internetadressen

www.sonnenhof-holzinshaus.de
www.benediktushof-holzkirchen.de
www.meditation-in.de
(Link: „Gruppenverzeichnis", für örtliche Meditationsgruppen [auch in der Schweiz])
www.wsdk.de
www.psp-tao.de
www.achtsam-bern.ch
www.lassalle-haus.org
www.felsentor.ch
www.karuna.ch
www.dhammapala.ch
https://bern.shambhala.ch
www.zentrumfuerbuddhismus.ch
www.s-dimension.ch
www.umassmed.edu/cfm/home/index.aspx
www.insightmeditationcenter.org
www.unlimitedloveinstitute.org

Anmerkungen

1 Der Begriff spirituelle Dimension oder Ebene wird in diesen Texten für eine Lebensdimension verwendet, auf der Menschen tiefe Weisheiten von existenzieller Bedeutung erfahren können. Für mehr siehe Anhang 1.

2 Wieso wir als Menschen diese Fähigkeit haben, wissen wir nicht. Es hängt wahrscheinlich mit der Entwicklung unseres Verstandes zusammen, der bei allem, was wir in der Aussen- und Innenwelt erfahren, die Frage nach der Ursache und nach den Folgen stellt. Unsere Handlungen im Alltag werden stets durch die Reflexion über den Zweck und über die entweder erfahrene oder zu antizipierende Folge der jeweiligen Tätigkeit begleitet. Dieser „Automatismus", dessen wir uns im Alltag kaum bewusst sind, ist wahrscheinlich das Resultat des Evolutionsprozesses und stellt eine für unser Leben und Überleben als Menschen enorm wichtige Fähigkeit dar.

3 Bertrand Russell. A Free Man's Worship. In Mysticism and Logic. Longmans Green, 1918. Hier zitiert aus Wikipedia (Deutsch). Sinn des Lebens. Gesichtet am 29.6.2017

4 Interessanterweise wird die Entstehung des Kosmos durch eine moderne Theorie als „das Durchlaufen" oder „die Summe" aller möglichen (d. h. unendlich vieler) Geschichtsverläufe beschrieben. Auch hier gibt unser Verstand keine *ein*deutige Antwort. Siehe Stephen Hawking, Leonard Mlodinow. Der Grosse Entwurf. Rowohlt Taschenbuch Verlag, 2011.

5 Ludwig Wittgenstein. Tractatus logicophilosophicus. 6.4312. In Ludwig Wittgenstein. Werkausgabe Band I. Suhrkamp Verlag, 1984.

Ludwig Wittgenstein war einer der grössten Logiker und Philosophen des 20. Jahrhunderts. Der *Tractatus logico-philosophicus* war ein bahnbrechendes Werk, u. a. grundlegend für die Entstehung der Schule der analytischen Philosophie.

[6] Für eine Zusammenfassung siehe zum Beispiel: Aldous Huxley. Die ewige Philosophie. Philosophia perennis. Eine Anthologie und Interpretation grosser Mystiker. Texte aus drei Jahrtausenden. Hans-Nietsch-Verlag 2008.

[7] Siehe Anmerkung 1.

[8] Bei Laotse lesen wir: *„Wer weiss, redet nicht"* (Tao Te King, Abschnitt 56); und Meister Eckehart sagt: *„Denn Worte vermögen keiner Natur, die oberhalb ihrer ist, einen Namen zu geben."* (Meister Eckehart. Deutsche Predigten und Traktate. Diogenes Verlag, Zürich 1979, Predigt 17)

[9] B. Russell. Denker des Abendlandes. Eine Geschichte der Philosophie. Deutscher Taschenbuch Verlag, 1997, S. 410.

[10] Siehe z. B. E. Fromm. You Shall Be As Gods. A Radical Interpretation of the Old Testament and its Tradition. First Fawcett Premier Edition, New York, 1969, Chapter 2: The Concept of God.

[11] Jean Gebser: Ursprung und Gegenwart. DVA 1949–1953 und dtv, München 1973.

[12] Ken Wilber: Sex, Ecology, Spirituality: The Spirit of Evolution. Shambhala Publications, 1995 (dt. Eros, Kosmos, Logos, Krüger Verlag, Frankfurt 1996, und Spirit, Fischer-Taschenbuch 2006,

[13] Eckhart Tolle: Eine neue Erde. Arkana Verlag, 2010.

[14] Willigis Jäger. Jenseits von Gott. Verlag Wege der Mystik, 2012.

[15] M. von Brück. Buddhismus und Christentum. Beck Verlag, München 2000, S. 519.

[16] Larry Rosenberg. Mit jedem Atemzug. Arbor Verlag ,2007, S. 269.

[17] Kabir. Im Garten der Gottesliebe. Werner Kristkeitz Verlag, Heidelberg 2005.

[18] John E. Coleman. The Quiet Mind. Rider, 1971, S. 94.

[19] So führt zum Beispiel der Psychoanalytiker Hans-Joachim Maaz die heute weit verbreitete narzisstische Störung darauf zurück, dass dieses Urbedürfnis jedes Menschen „Liebe um seiner selbst willen" keine Befriedigung erfährt. Siehe: J.-H. Maaz: Die narzisstische Gesellschaft. Ein Psychogramm. Beck Verlag, 2012.

[20] T. Eagleton. Der Sinn des Lebens. List Taschenbuch, 2011, S. 139.

[21] Aus: "What I Have Lived For". Prologue to The Autobiography of Bertrand Russell' (1967). Written on 25 July 1956. (Deutsch: „Drei einfache, aber heftige Leidenschaften haben mein Leben beherrscht: das Verlangen nach Liebe, das Streben nach Erkenntnis und das Erbarmen mit der leidenden Menschheit.")

[22] Albert Camus. Tagebücher 1935–1951. Rowohlt Taschenbuchverlag, 14. Auflage 2013, S. 92.

[23] Ludwig Wittgenstein. Vermischte Bemerkungen. In Ludwig Wittgenstein. Werkausgabe Band 8. Suhrkamp Verlag, 1984, S. 559.

[24] Stephen Hawking, Leonard Mlodinow. Der Grosse Entwurf. Rowohlt Taschenbuch Verlag, 2011.

[25] Karl Jaspers im Interview mit Thilo Koch in einer DRS-Sendung 1960.

[26] Dies ist nicht für Tiere spezifisch. Einzellige Lebewesen können sich auch durch andere Einzeller ernähren.

[27] Dieser Egozentrismus bildet im Übrigen auch die Grundlage für das Wirtschaftssystem der heutigen Konsumgesellschaft, das gewissermassen als Materialisierung des immateriellen – aus Gedanken bestehenden – Egozentrismus auch ins „Unendliche" wächst.

[28] Wir wissen natürlich nicht mit Sicherheit, ob es andere Lebewesen gibt, die fähig sind, in ähnlicher Weise über sich selbst zu reflektieren, wie wir. Streng genommen *können wir nicht* das innere Leben eines Tiers kennenlernen. Das hat der Philosoph Thomas Nagel in seinem Essay gezeigt mit dem pointierten Titel „What is it like to be a bat?" (Siehe: Thomas Nagel. Mortal Questions. Cambridge University Press, 1991. Deutsch: „Wie ist es, eine Fledermaus zu sein?") Allerdings scheint es aufgrund von Untersuchungen des Verhaltens verschiedener Tierarten unwahrscheinlich, dass sie über Selbstbewusstsein und Selbstreflexion verfügen, welche so „hoch" entwickelt wären, wie wir sie bei Menschen kennen. Freilich wissen wir, dass andere Lebewesen über Fähigkeiten verfügen, welche Menschen entweder gar nicht oder nur rudimentär entwickelt haben oder aber überhaupt nicht kennen.

[29] Und vielen anderen, welche den Weg gegangen sind und für die Mitmenschen beschrieben haben; beginnend bei den Wüstenvätern, verschiedenen buddhistischen und sufistischen Wegen bis zu den heutigen spirituellen Lehrern und Lehrerinnen.

[30] Als Beispiele siehe Anmerkungen 86–92.

[31] Dass auch die subjektiven Erfahrungen in Bezug auf ihre Realität vergleichbar mit Erfahrungen der uns umgebenden

materiellen Welt sind, hat Ken Wilber in einer sehr prägnanten Weise mit Hilfe eines Vergleichs formuliert: „Wenn Sie wissen möchten, ob es die Jupitermonde tatsächlich gibt, müssen Sie sich ein astronomisches Grundwissen aneignen und dann durch ein Teleskop schauen. Ähnliches gilt, wenn Sie sich fragen, ob der Zen-Zustand des Satori oder der Erleuchtung wirklich existiert. Um das beantworten zu können, müssen Sie sich über Zen informieren, meditieren und Einblick nehmen in die Natur Ihres Geistes." Er weist ferner darauf hin, dass es sich bei diesem Vorgehen in gewisser Weise um eine wissenschaftliche Haltung – Überprüfung durch empirische Experimente und Erfahrung – handelt. Die Vorgehensweise unterscheidet sich von der nur der materiellen Welt zugewandten Wissenschaft lediglich dadurch, dass sie sämtliche Ebenen und Dimensionen unseres Seins einschliesst und nicht nur die materielle Ebene. (Ken Wilber und Koautoren. Integrale Lebenspraxis. Kösel-Verlag, 2010, S. 48)

[32] Gemäss Forschungsberichten sind die ersten Anzeichen von Leben auf unserem Planeten 4000 Millionen Jahre alt. (Dodd, Matthew S.; Papineau, Dominic; Grenne, Tor; Slack, John F.; Rittner, Martin; Pirajno, Franco; O'Neil, Jonathan; Little, Crispin T. S. (1 March 2017). "Evidence for early life in Earth's oldest hydrothermal vent precipitates". Nature. 543: 60–64.)

[33] Unter der Annahme eines Schöpfers, einer Intelligenz, welche den Prozess lenkt, wäre die zweite der beiden Möglichkeiten (kein „ausserirdisches" Eingreifen) als Schöpfungsakt sogar anspruchsvoller und würde in diesem Sinn seiner/ihrer „Allmacht" keine Abstriche machen.

[34] Pascals Argument lautet, dass eine Analyse der Optionen hinsichtlich des Glaubens an Gott zu folgenden Resultaten führt:

1. Man glaubt an Gott, und Gott existiert – in diesem Fall wird man belohnt (Himmel – man hat gewonnen).

2. Man glaubt an Gott, und Gott existiert nicht – in diesem Fall gewinnt man nichts (verliert aber auch nichts).

3. Man glaubt nicht an Gott, und Gott existiert nicht – in diesem Fall gewinnt man ebenfalls nichts (verliert aber auch nichts).

4. Man glaubt nicht an Gott, und Gott existiert – in diesem Fall wird man bestraft (Hölle – man hat verloren).

Aus dieser Analyse der Möglichkeiten folgerte Pascal, dass es besser sei, bedingungslos an Gott zu glauben. (Blaise Pascal. Penseés, Nr. 246 f., Übers. aus d. Frz., zitiert aus Wikipedia: Pascalsche Wette, gesichtet 2. 1. 2018) Siehe auch Kapitel „Glauben" im Anhang 2.

[35] Eckhart Tolle. Eine neue Erde. Arkana Verlag, 2010.

[36] Jonty Heaversedge, Ed Halliwell. Das Achtsamkeitsmanifest. Arbor Verlag, 2012.

[37] Pali Kanon; Majjhima Nikaya, Mittlere Sammlung, M. 118. (XII,8) Ānāpānasati Sutta. Deutsche Übersetzung zum Beispiel in: Buddhadasa Bhikkhu. Das ABC des Buddhismus. Publikation Umong, 2010.

[38] Frank Boccio. Achtsamkeits-Yoga. Arbor Verlag, 2006.

[39] W. Massa, Übersetzer und Herausgeber. Wolke des Nichtwissens und Brief persönlicher Führung. Herder Verlag, 2002.

[40] Willigis Jäger. Die Kontemplation – ein spiritueller Weg. Kreuz Verlag, 2010.

[41] M. Williams und Koautoren. Der achtsame Weg durch die Depression. Arbor Verlag, 2009.

[42] M. von Brück. Buddhismus und Christentum. Beck Verlag, 2000, S.. 519.

[43] John Lash. The Yin of Tai-Chi. 2007, ISBN 978-3-9523447, S. 20 und 27.

[44] Siehe z. B. Thich Nhat Hanh. Jesus und Buddha – Ein Dialog der Liebe. Herder Verlag, 2006, S. 96.

[45] Siehe z. B. Die Bibel, Gal. 2, 20.

[46] Heute finden wir hilfreiche Beschreibungen des Sitzens im Internet, z. B.: www.youtube.com/watch?v=OpF4A4ngL5Q oder
www.youtube.com/watch?v=n1CskQaFjAY&feature=related (englisch)

[47] Auch andere Aktivitäten oder Teile des Körpers und des Geistes sind als Unterstützung der Konzentration hilfreich: So wird z. B. bei der Gehmeditation der Fokus auf die sich im Gehen befindenden Füsse gelenkt.

[48] So beginnt in den letzten Jahren auch Willigis Jäger mit dem Spüren des Körpers, wenn er die Meditation in seinen Kursen anleitet. (Siehe auch die beigelegte CD im Buch „Jenseits von Gott". Verlag Wege der Mystik, 2012)

[49] Die Tatsache, dass diese Erfahrung der meditierenden Person geschieht und nicht willentlich herbeigeführt werden kann, wird sowohl im Christentum als auch in anderen Religionen immer wieder betont. Sehr anschaulich und eindrücklich ist dieser Prozess im Buch von Eugen Herrigel *Zen in der Kunst des Bogenschiessens* beschrieben.

[50] www.sonnenhof-holzinshaus.de, www.benediktushof-holzkirchen.de

[51] Siehe Internetadressen am Schluss des Buches.

[52]J. Krishnamurti. Einbruch in die Freiheit. Lotos Verlag, 2009.

[53]Jon Kabat-Zinn. Zur Besinnung kommen. Arbor Verlag, 2006.

[54]Johannes Tauler: Predigten. Johannes Verlag, Einsiedeln – Trier 1987.

Meister Eckehart: Deutsche Predigten und Traktate. Diogenes Verlag, 1979.

[55]W. Massa, Übersetzer und Herausgeber. Wolke des Nichtwissens und Brief persönlicher Führung. Herder Verlag, 2002.

[56]M. Irgang. Zen-Buch der Lebenskunst. Herder Spektrum, 2006.

Charlotte Joko Beck. Zen im Alltag. Goldmann Taschenbuch Verlag, 2011.

Buddhadasa Bhikkhu: Das Abc des Buddhismus. Publikation Umong, 2010.

J. Kornfield. Frag den Buddha und geh den Weg des Herzens. Ullstein Verlag, 2007.

[57] Willigis Jäger und Beatrice Grimm. Die Flöte des Unendlichen. Mystische Rezitationstexte aus Ost und West. Wege der Mystik, Holzkirchen, 2011, ISBN 978-3-9810310-5-8

[58] Die Begriffe „das Umgreifende" und das „Allumgreifende" gehen auf den Existenz-Philosophen Karl Jaspers zurück. Siehe z. B. Karl Jaspers. Einführung in die Philosophie. Artemis Verlag, Zürich 1963.

[59] Die Blinden und der Elefant: Es war einmal – so erzählt Buddha – ein König von Benares. Der rief zu seiner Zerstreuung etliche Bettler zusammen, die von Geburt an blind waren, und setzte demjenigen einen Preis aus, der die beste

Beschreibung des Tieres geben konnte, das vor ihm stand. Zufällig geriet der Erste an dessen Bein und er berichtete, dass das Tier Beine wie Baumstämme habe. Der Zweite, der den Schwanz erfasst hatte, meinte, das Tier sei so dünn wie ein Seil; es müsse eine Schlange sein, von der er schon gehört hatte. Der Dritte hatte ein Ohr ergriffen, und so stand für ihn fest, dass das Tier so flach wie ein Palmblatt sein müsse. Und da keiner die Worte des anderen achtete, keiner seinen Standpunkt veränderte, jeder für sich die Wahrheit in Anspruch nahm, gingen sie im Streit auseinander. Und der König, der zuerst über diese blinden Narren gelacht hatte, gewann Weisheit über die Fragwürdigkeit seines eigenen Wissens, Denkens, Fühlens und seiner Herrschaft.

[60] Quelle: Bhagavad Gita, Der Gesang des Erhabenen. Aus dem Sanskrit übersetzt und herausgegeben von Michael von Brück. Verlag der Weltreligionen, Insel Verlag, 2007.

[61] Quelle: Jack Kornfield. Die Lehren von Buddha, Droemer Knaur Verlag.

[62] Zum Beispiel: Sokrates erwähnt es (in Plato's Philebus 48c und in Phaedrus 229e) als einen Spruch von Delphi, und Louise Bourgeois zitiert es aus Montaigne: *When Montaigne said „connais-toi, toi même", he meant that the only useful approach to life is to know yourself. What you experience on the outside is actually what you experience on the inside.* (Scott Lyon-Wall. In Search of a State of Reason: Louise Bourgeois – Drawing and Sculpture. In Louise Bourgeois. Drawings and Sculpture. Katalog Kunsthaus Bregenz, Verlag der Buchhandlung Walther König, Köln 2002)

[63] Siehe Anmerkung 28.

[64] Es gibt freilich auch andere Wege, die zur Selbsterkennung führen. Zum Beispiel philosophische Betrachtungen, Psychologie, Psychotherapie, Psychoanalyse oder die analytische Psychologie nach Jung. Im Vergleich dazu ist die ge-

genstandslose Meditation ein Vorgehen, das sich direkter dem Ziel der Selbsterkennung zuwendet. Es handelt sich dabei um eine direkte Selbstbetrachtung im gegenwärtigen Augenblick, und nicht um eine (rationale) Analyse vergangener innerer Ereignisse.

[65] Der Bezeichnung „Beobachter" (bzw. Beobachter des Beobachters) und dem Ausdruck „wir sind mehr als unsere Gedanken, Gefühle und Körperempfindungen ..." in dieser klaren Formulierung ist der Autor das erste Mal in einem Buch von Louise Reddemann begegnet: „Imagination als heilsame Kraft. Zur Behandlung von Traumafolgen mit ressourcenorientierten Verfahren", Klett-Cotta, 2001, S. 40.

[66] Das Wort „Ich" wird in diesem Text in zwei Bedeutungen verwendet. Erstens als meine ganze Person mit allen bewussten und unbewussten Eigenschaften, Wünschen, Ängsten, Begehren etc.; zweitens als der Beobachter (und Akteur), durch welchen meine Person diese Welt wahrnimmt und in ihr handelt und der sich der direkten Beobachtung entzieht. Hier ist die zweite Bedeutung gemeint. Siehe auch Anmerkung 115 zum Begriff „Ich".

[67] So wird z. B. in Zusammenhang mit der Jungschen Psychotherapie der Schatten definiert als „abgelehnte, nicht akzeptierte Aspekte der Persönlichkeit, die verdrängt werden und eine kompensatorische Struktur bilden". (Siehe Murray Stein. C. G. Jungs Landkarte der Seele. Patmos Verlag, 2009, S. 259.)

[68] Es gibt zahlreiche Bücher im Bereich der christlichen, buddhistischen und islamischen Mystik, in denen über diese Erfahrung der Einheit, des Einen berichtet wird. Eine dem Autor persönlich bekannte, seit 15 Jahren meditierende Person schrieb am 4.1.09 in ihr Tagebuch: *„Es gibt kein Objekt und kein Subjekt. Alles ist ein Teil des Einen. Dem viele Namen gegeben wurden (Gott, Liebe, Friede, Freude, letzte*

Wirklichkeit, Sein, Wahrheit, Logos usw.), das aber namenlos ist."

[69] Ein Weg zur Erfahrung der spirituellen Dimension (siehe Anmerkung 1).

[70] Louise Reddemann, eine bekannte Fachärztin für Psychotherapeutische Medizin und Buchautorin, spricht von der Liebe als dem „Urgrund des Seins" (siehe Eine Reise von 1000 Meilen beginnt mit dem ersten Schritt, Herder, 2008, S. 124).

[71] John E. Coleman. The Quiet Mind. Rider, 1971, S. 94.

[72] Willigis Jäger spricht in diesem Zusammenhang von „reiner Präsenz" (Willigis Jäger. Westöstliche Weisheit. Theseus Verlag, 2007, S. 97).

[73] Siehe auch Teil III.

[74] Wenn in diesem Text in der Ich-Form gesprochen wird, ist damit weder der Autor noch eine andere bestimmte Person gemeint. Es soll lediglich den individuellen Charakter der beschriebenen Begebenheiten unterstreichen.

[75] Angelus Silesius: Cherubinischer Wandersmann. Johannes Verlag Einsiedeln, 1980, 3. Auflage, S. 11 (erstmals erschienen 1657).

[76] Siehe z. B. Willigis Jäger. West-östliche Weisheit. Theseus Verlag, 2007.

[77] Deshalb sagt der Dalai Lama: „Da aber Liebe wesentlich für alle Religionen ist, könnten wir von einer universalen Religion der Liebe sprechen." (M. von Brück. Buddhismus und Christentum. Beck Verlag, München 2000, S. 519)

[78] Der Begriff „das Umgreifende/Allumgreifende" geht auf Karl Jaspers zurück (siehe z. B.: Karl Jaspers. Einführung in die Philosophie. Artemis Verlag, Zürich 1963).

[79] „Gott ist die Liebe; und wer in der Liebe bleibt, bleibt in Gott und Gott in ihm" (1. Joh. 4, 16).

[80] Dieses Kapitel ist aus der Perspektive einer Person geschrieben, deren religiöser Glaube auf den kanonischen Texten des Christentums gegründet ist (Die Bibel, insbesondere Das Neue Testament).

[81] Damit ist keineswegs gemeint, dass die Gemeinschaft unter denen, die diese Botschaft gehört haben und den Weg gehen, nicht wichtig ist.

[82] Das Wort Gott wird hier verwendet, weil es die Bezeichnung ist, welche in der Bibel und damit im Christentum für das Ewige, Absolute, Seiende steht, das der Mensch mit seinen Sinnen und seinem Verstand nicht fassen kann, zu dem er sich aber als Christ im Gebet zuwendet. Die unterschiedlichen kirchlichen Dogmen, welche sich mit der Beschreibung von Gott befassen, werden dadurch nicht berührt.

[83] Siehe Kapitel: Ausübung der gegenstandslosen Meditation.

[84] Siehe zum Beispiel: Willigis Jäger. Die Kontemplation – ein spiritueller Weg. Kreuz Verlag, 2010.

[85] Was Gottes Gerechtigkeit ist, kann in der Bibel nachgelesen werden, zum Beispiel und insbesondere in der Bergpredigt, die im fünften Kapitel des Matthäusevangeliums beginnt.

[86] Louise Reddemann. Eine Reise von 1000 Meilen beginnt mit dem ersten Schritt. Seelische Kräfte entwickeln und fördern. Herder Verlag, 2008, S. 124.

Prof. Dr. med. Louise Reddemann lebt in Deutschland. Sie ist eine bekannte, auf Traumabehandlung spezialisierte Psychotherapeutin und Autorin von zahlreichen Fachbüchern.

[87] Jon Kabat-Zinn. Coming to our senses. Healing ourselves and the world through mindfulness. Hyperion New York, 2005, S. 78. (Deutsch s. Anmerkung 53)

Jon Kabat-Zinn ist emeritierter Professor an der University of Massachusetts Medical School in Worcester. Er unterrichtet Achtsamkeitsmeditation, um Menschen zu helfen, besser mit Stress, Angst und Krankheiten umgehen zu können. Er ist Autor zahlreicher Bücher und einer der Pioniere in der Anwendung der Achtsamkeitspraxis in der Medizin.

[88] Larry Rosenberg. Mit jedem Atemzug. Arbor Verlag, 2007, S. 269.

Larry Rosenberg ist ein buddhistischer spiritueller Lehrer am von ihm vor 30 Jahren gegründeten Cambridge Insight Meditation Center in Massachusetts, USA.

[89] Deutsch: *„Wo Stille ist, ist auch Liebe."* John E. Coleman. The Quiet Mind. Rider 1971, S. 94.

Jiddu Krishnamurti war einer der einflussreichsten spirituellen Lehrer des letzten Jahrhunderts. Wie nur wenigen anderen Lehrern war ihm die Freiheit von allen Religionslehren und Konzepten eminent wichtig. Diese stellten für ihn Vorstellungen und Bilder dar, welche der klaren Sicht der spirituellen Dimension der menschlichen Existenz im Weg stehen.

[90] Kabir. Im Garten der Gottesliebe. Werner Kristkeitz Verlag, Heidelberg 2005.

Kabir ist ein indischer Mystiker, der im 15. Jahrhundert lebte. Er vertrat die Meinung, dass man nicht nach dem Koran oder den Veden leben sollte, sondern besser den Idealen des Sahaj (ein Weg der Herz-Meditation) nachstreben oder einen einfachen, naturnahen Weg zu Gott finden sollte. Das Kastensystem der orthodoxen Hindus lehnte er ab.

[91] 1. Johannesbrief 4, 16, Einheitsübersetzung der Heiligen Schrift, Katholische Bibelanstalt, Stuttgart 1980.

[92] Laotse: Tao Te King, Abschnitt 67.

[93] Siehe Anmerkung 66.

[94] Absolut (von lateinisch absolutus „losgelöst") heisst unabhängig von allen Einflüssen.

[95] Brian Victoria. Zen, Nationalismus und Krieg. Eine unheimliche Allianz. Aus dem Englischen von Theo Kierdorf in Zusammenarbeit mit Hildegard Röhr. Theseus Verlag, Berlin 1999.

[96] Das heisst nicht, dass nicht eine sehr sorgfältige Überprüfung der Authentizität der Berichte und der Redlichkeit der Autorinnen und Autoren notwendig ist. Leider wird heute auf dem stark wachsenden Esoterik-Markt vieles aus rein kommerziellen Interessen angeboten.

[97] Dass viele Menschen, welche die Botschaft des spirituellen Wegs erfahren, ihn nicht gehen, war auch zu den Zeiten von Buddha und Christus der Fall, wie der folgende Text aus dem Matthäusevangelium zeigt (ein Gleichnis, das Jesus erzählt): „Er sagte: Ein Sämann ging aufs Feld, um zu säen. Als er säte, fiel ein Teil der Körner auf den Weg und die Vögel kamen und frassen sie. Ein anderer Teil fiel auf felsigen Boden, wo es nur wenig Erde gab, und ging sofort auf, weil das Erdreich nicht tief war; als aber die Sonne hochstieg, wurde die Saat versengt und verdorrte, weil sie keine Wurzeln hatte. Wieder ein anderer Teil fiel in die Dornen und die Dornen wuchsen und erstickten die Saat. Ein anderer Teil schliesslich fiel auf guten Boden und brachte Frucht, teils hundertfach, teils sechzigfach, teils dreissigfach."

[98] Siehe Karl R. Popper: Auf der Suche nach einer besseren Welt. Piper Verlag, 2006.

[99] Sie finden sich in den kanonischen Schriften verschiedener Religionen, seien es christliche, buddhistische, jüdische oder andere. (Die drei genannten sind dem Autor persönlich bekannt.)

[100] Evangelium des Matthäus 5, 8, Einheitsübersetzung der Heiligen Schrift, Katholische Bibelanstalt, Stuttgart 1980.

[101] Gangaji. Der Diamant in deiner Tasche. Goldmann Verlag, 2006.

[102] Siehe Kapitel „Ausübung der gegenstandslosen Meditation".

[103] Siehe z. B.: Willigis Jäger, Doris Zölls und Alexander Poraj. Zen im 21. Jahrhundert. J. Kamphausen Verlag, 2009.

[104] Siehe z. B.: Willigis Jäger. Kontemplation – ein spiritueller Weg. Kreuz Verlag, 2010.

[105] Siehe z. B.: Larry Rosenberg. Mit jedem Atemzug. Arbor Verlag, 2007.

[106] Jon Kabat-Zinn. Gesund durch Meditation. Fischer Verlag, 2007.

[107] Der Vergleich unserer Voreingenommenheit der Welt und uns selbst gegenüber mit dem Tragen einer Brille ist sehr alt. Dem Autor ist dieses Bild das erste Mal im Buch *Das Labyrinth der Welt und das Paradies des Herzens* von Johann Amos Comenius begegnet, das erstmals 1623 auf Tschechisch erschienen ist.

[108] Es gibt auch Lebensphasen, zum Beispiel Pubertät und Adoleszenz, in denen sich die Menschen gegen die Regeln des Anstandes, die uns durch die Erziehung auferlegt wer-

den, auflehnen. Meist handelt es sich allerdings nur um eine andere „Brille", die der junge Mensch durch die Sozialisation mit anderen Jugendlichen angelegt bekommt. Nicht selten ist ja in einer solchen Phase der Auflehnung die Verzerrung der Sicht durch den starken Konformitätsdruck der Gruppe noch grösser als bei den „angepassten" Menschen.

[109] Z. V. Segal, J. M. G. Williams, J. D. Teasdale. Die Achtsamkeitsbasierte Kognitive Therapie der Depression. dgvt-Verlag, 2008.

[110] So wird z. B. im Zusammenhang mit der Jung'schen Psychotherapie der Schatten definiert als „abgelehnte, nicht akzeptierte Aspekte der Persönlichkeit, die verdrängt werden und eine kompensatorische Struktur bilden". (Siehe Murray Stein. C. G. Jungs Landkarte der Seele. Patmos Verlag, 2009, S. 259.)

[111] Jon Kabat-Zinn. Coming to our senses. Healing ourselves and the world through mindfulness. Hyperion New York, 2005, S. 84. (Deutsch s. Anmerkung 53)

[112] Siehe auch Anhang 1: Der spirituelle Weg.

[113] Die Zen-Meister verwenden in diesem Zusammenhang das Bild der zwei Phasen des Mondzyklus: die ersten fünfzehn Tage bis zum Vollmond und die zweiten fünfzehn Tage nach dem Vollmond. Entscheidend für die Integration der spirituellen Werte im Alltag ist die zweite Phase. (Siehe z. B. Ruben Habito. Living Zen, loving God. Wisdom Publications, Boston 2004, S. 45 und ff.)

[114] Siehe z. B. J. Krishnamurti. Einbruch in die Freiheit. Lotos Verlag, München 2009.

[115] Das Wort „Ich" wird in diesem Text in zwei Bedeutungen verwendet: erstens als meine ganze Person mit allen bewussten und unbewussten Eigenschaften, Wünschen, Ängsten, Begehren etc.; zweitens als der Beobachter (und Akteur), durch den meine Person diese Welt bewusst wahr-

nimmt und in ihr handelt, und der sich der direkten Beobachtung entzieht. In diesem Kapitel ist die erste Bedeutung gemeint. Beide Bedeutungen entspringen in erster Linie dem sprachlichen Gebrauch und stellen somit nicht scharf abgegrenzte, philosophische oder psychologische Begriffe dar. Es ist daher möglich und auch wahrscheinlich, dass sie je nach Person mit unterschiedlichen Vorstellungen und Abgrenzungen verbunden sind. Da der Weg der gegenstandslosen Meditation eine individuelle und damit von Person zu Person unterschiedliche persönliche Erfahrung darstellt, sollte es in diesem Zusammenhang nicht hinderlich sein, wenn die genaue Bedeutung des Ich-Begriffs der individuellen Interpretation überlassen wird.

[116] Eine Geschichte aus dem Zen-Buddhismus erzählt von einem Mönch, der nach vielen Jahren Meditation beschloss, sich in eine Hütte auf dem Berg zurückzuziehen und dort zu bleiben, bis er seine Praxis zu Ende gebracht hätte. Auf dem Weg dorthin begegnete er einem alten Mann, der vom Gipfel des Berges herabkam und ein grosses Bündel trug. Der alte Mann fragte den Mönch, wohin er gehe, und der Mönch antwortete: „Ich gehe auf den Berg, um zu meditieren und entweder erleuchtet zu werden oder zu sterben." Der alte Mann liess sein Bündel los, und es fiel auf den Boden. In diesem Augenblick wurde der Mönch erleuchtet und rief „So einfach? Loslassen und nichts ergreifen!" Danach schaute der frisch Erleuchtete den alten Mann an und fragte ihn: „Und was jetzt?" Als Antwort hob der alte Mann sein Bündel wieder auf und ging seinen Weg weiter, den Berg hinunter in Richtung Stadt. (Gekürzt übertragen aus: J. Kornfield. Frag Buddha und geh den Weg des Herzens. Ullstein Taschenbuch, 2007, S. 192).

[117] „Zu allen sagte er: Wer mein Jünger sein will, der verleugne sich selbst, nehme täglich sein Kreuz auf sich und folge mir nach." (Einheitsübersetzung der Heiligen Schrift, Katho-

lische Bibelanstalt, Stuttgart 1980, Das Evangelium nach Lukas 9, 23)

[118] Unser Ich ist durch die Evolution und die Kultur, in der wir aufgewachsen sind, so stark konditioniert, dass es kaum innerhalb einiger Jahre durch eine Dressur „gebessert" werden kann.

[119] Hier fliessen alle Konzepte der verschiedenen spirituellen Wege zusammen.

[120] Jesus selber hat gesagt: „[...] Lernet von mir; denn ich bin sanftmütig und von Herzen demütig." (Mt. 11, 29)

[121] Thich Nhat Hanh. Peace is Every Step: The Path of Mindfulness in Everyday Life. Bantam Dell, 1992. Deutsch: Ich pflanze ein Lächeln. Goldmann Taschenbuch, 2007.

[122] Karl Popper, ein führender Philosoph des 20. Jahrhunderts, meint sogar, dass jede rationale Diskussion oder Handlung, einschliesslich der Naturwissenschaft, ethische Prinzipien voraussetzt, welche rein rational nicht fassbar sind. Siehe Karl Popper: Auf der Suche nach einer besseren Welt. Piper Verlag, 1984, S. 226.

Ein anderer grosser Philosoph und Nobelpreisträger, Bertrand Russell, schreibt in seinem Essay „Mystik und Logik": *Die grössten Philosophen fühlten (...) das Bedürfnis sowohl nach naturwissenschaftlicher Erkenntnis als auch nach Mystik: gerade der Versuch, beides zu harmonischem Zusammenklingen zu bringen, schenkt ihrem Lebenswerk die Grösse* (Bertrand Russell. Mystik und Logik, Humboldt Verlag, Wien/Stuttgart 1952)

[123] A. Huxley: The Perennial Philosophy, Chatto & Windus Ltd., London 1957. (Deutsch s. Anmerkung 6)

[124] M. von Brück. Buddhismus und Christentum. Beck Verlag, München 2000, S. 519.

[125] 1. Joh. 4, 16 Bibel, Einheitsübersetzung. Katholische Bibelanstalt, Stuttgart 2016.

[126] Ludwig Wittgenstein. Licht und Schatten. Herausgegeben von Ilse Somavilla. Haymon Verlag, 2014, S. 44.

[127] Siehe Anmerkung 66.

[128] John E. Coleman. The Quiet Mind. Rider, 1971, S. 94.

[129] Meister Eckehart. Deutsche Predigten und Traktate. Diogenes Verlag, Zürich 1979.

[130] Johannes Tauler: Predigten. Johannes Verlag, Einsiedeln – Trier 1987.

[131] Meister Eckehart. Deutsche Predigten und Traktate. Diogenes Verlag, 1979, S. 433, 435.

[132] Johannes Tauler. Predigten. Zitiert aus: Die Flöte des Unendlichen. Hrsg. Willigis Jäger und Beatrice Grimm. Wege der Mystik, 2011, S. 45.

[133] Anonymus. Die Wolke des Nichtwissens. Johannes Verlag, 1995, S. 146

[134] Trad. Zen-Text. Zitiert aus: Die Flöte des Unendlichen. Hrsg. Willigis Jäger und Beatrice Grimm. Wege der Mystik, 2011, S. 66.

[135] Shunryu Suzuki. Zen-Geist, Anfänger-Geist. Theseus Verlag, 1982, S. 118.

[136] Oder die Erleuchtung, Nirvana, die Einung mit Atman, wie es im Buddhismus und im Hinduismus genannt wird.

[137] Paul Tillich, ein Theologe und Religionsphilosoph, sagt: „Religion [Gott] ist Erfahrung des Unbedingten und das heisst Erfahrung schlechthinniger Realität auf der Grundlage der Erfahrung schlechthinniger Nichtigkeit; es wird er-

fahren die Nichtigkeit des Seienden, die Nichtigkeit der Werte, die Nichtigkeit des persönlichen Lebens; wo diese Erfahrung zum absoluten, radikalen Nein geführt hat, da schlägt sie um in eine ebenso absolute Erfahrung der Realität, in ein radikales Ja." Paul Tillich. Ausgewählte Texte. Herausgegeben von Christian Danz, Werner Süssler und Erdmann Sturm. Walter de Gruyter, 2008, S. 30.

[138] Ich kann aber auch viel schmerzhafter zu dieser Erfahrung kommen. Durch einschneidende Lebensereignisse, die mich zur Verzweiflung führen durch Verlust von dem, was mir am teuersten ist.

[139] Johannes vom Kreuz. Die dunkle Nacht. Herder Verlag.

[140] Meister Eckehart. Deutsche Predigten und Traktate. Diogenes Verlag, Zürich 1979, S. 60.

[141] Joh. 3, 8. Bibel, Einheitsübersetzung. Katholische Bibelanstalt, Stuttgart 2016.

[142] „Man fragt sich nun, ob es möglich ist, auf dieses Eine zu treffen, ohne es einzuladen, ohne es zu erwarten, ohne es zu suchen, ohne danach zu forschen – es von ungefähr zu erleben wie einen erfrischenden Windhauch, der hereinströmt, wenn Sie das Fenster offen lassen. Sie können den Wind nicht einladen, aber Sie müssen das Fenster offen halten. (Das bedeutet jedoch nicht, dass Sie in einem Zustand der Erwartung sind – das wäre eine andere Form der Täuschung. Es bedeutet nicht, dass Sie sich öffnen, um es zu empfangen – das wäre ein anderer Gedankengang.)" Jiddu Krishnamurti. Einbruch in die Freiheit. Lotos Verlag, 2015, S. 173.

[143] Die Flöte des Unendlichen. Herausgegeben von Willigis Jäger und Beatrice Grimm. Wege der Mystik, 2010, S. 45.

[144] Matthäus 16, 24. Bibel, Einheitsübersetzung. Katholische Bibelanstalt, Stuttgart 2016.

[145] Aus: Ayya Khema. Was du suchst, ist in deinem Herzen. Herder Verlag, 2007, S. 18.

[146] Michael von Brück. Bhagavad Gita. Der Gesang des Erhabenen. Verlag der Weltreligionen, 2007, S. 84.

[147] Siehe auch Teil III.

[148] Mt. 22, 37. Bibel, Einheitsübersetzung. Katholische Bibelanstalt, Stuttgart 2016.

[149] Simone Weil. Zeugnis für das Gute. Spiritualität einer Philosophin. Aus dem Französischen übersetzt und herausgegeben von Friedhelm Kemp. Benziger Verlag, 1998, S. 74.

[150] ibid, S. 76. Als Philosophin formuliert Simone Weil ihr Konzept in einer von Religionslehren unabhängigen Sprache. Es widerspricht aber auch nicht der christlichen Religionslehre, weil für sie das Christentum sehr wichtig war, obwohl sie der offiziellen Kirche wegen ihrer dogmatischen Lehre und Haltung nicht beitreten konnte.

[151] Der Appell des Dalai Lama an die Welt. Ethik ist wichtiger als Religion. Benevento Publishing, 2015, S. 11.

[152] Wie bei der Sitzmeditation ist es auch bei diesem Zeitfenster wichtig, einen Wecker zu gebrauchen, damit wir während der Übung unsere bewusste oder unbewusste Überwachung der Zeit aufgeben können.

[153] Blaise Pascal. Penseés, Nr. 246 f., Übers. aus d. Frz., zitiert aus Wikipedia: Pascalsche Wette, gesichtet 2. 1. 2018

[154] Bertolt Brecht erzählt in seinem Buch *Geschichten vom Herrn K.* die folgende Geschichte: „Einer fragte Herrn K., ob es einen Gott gäbe. Herr K. sagte: Ich rate dir, nachzudenken, ob dein Verhalten je nach der Antwort auf diese Frage sich ändern würde. Würde es sich nicht ändern, dann

können wir die Frage fallen lassen. Würde es sich ändern, dann kann ich dir wenigstens noch so weit behilflich sein, daß ich dir sage, du hast dich schon entschieden: Du brauchst einen Gott."

[155] Interessanterweise äussert sich Hans Küng – wenn auch nicht direkt – in seinem Buch *Was ich glaube* in diesem Sinn. Wenn er gefragt wird: „Haben Sie schon mal an der Existenz Gottes gezweifelt?", antwortet er klar, dass er nie gezweifelt hat. (S. 145) Wenn er im Kapitel „Ars moriendi" über den eigenen Tod spricht, sagt er: „Und wenn ich mich doch getäuscht haben sollte und ich nicht in Gottes ewiges Leben, sondern in ein Nichts eingehe?" (S. 288) Man muss sich beim Lesen dieser beiden Texte fragen, ob er wirklich an Gott nie zweifelt, wenn er zum Schluss einräumt, dass er sich auch täuschen könnte. Hans Küng. Was ich glaube. Piper Verlag, München 2009.

[156] Für Glaube im Sinne von vertrauen und nicht im Sinne von glauben an bestimmte konkrete Tatsachen verwendet die englische Sprache das Wort „faith" und im Französischen heisst es „foi". Das Deutsche kennt diesen Unterschied nicht.

[157] Eine Übersicht findet sich zum Beispiel in: Gerhard Ruhbach und Josef Sudbrack, Herausgeber. Grosse Mystiker. Leben und Wirken. Verlag C. H. Beck, München 1984.

[158] Majjhima Nikaya, 22. Hier zitiert aus: The Life of the Buddha According to the Pali Canon. Translation from the Pali and selection of material by Bhikkhu Nanamoli. Deutsche Übersetzung: „ […] und jene, die Vertrauen, die Liebe zu mir empfinden, alle diese steigen himmelwärts auf." (www.palikanon.de/majjhima/m022n.htm)

[159] In der judeo-christlichen Tradition wird für diese Erfahrung, für die Begegnung mit Gott, häufig das Wort Epiphanie verwendet.

[160] 2. Mose 20, 4. Einheitsübersetzung der Heiligen Schrift, Katholische Bibelanstalt, Stuttgart 1980.

[161] Tao Te King, Abschnitt 56.

[162] Meister Eckehart. Deutsche Predigten und Traktate. Diogenes Verlag, Zürich 1979, Predigt 17.

[163] Evangelium nach Lukas 17, 20–21. Einheitsübersetzung der Heiligen Schrift, Katholische Bibelanstalt, Stuttgart 1980.

[164] 2. Mose, Kapitel 3.

[165] Siehe z. B. E. Fromm. You Shall Be As Gods. A Radical Interpretation of the Old Testament and its Tradition. First Fawcett Premier Edition, New York, 1969, Chapter 2: The Concept of God.

[166] Dieser Begriff geht auf Karl Jaspers zurück. Siehe z. B. Karl Jaspers. *Von der Wahrheit*. Philosophische Logik Bd. 1. Piper Verlag, Neuausgabe 1991.

[167] Die psychischen Krankheiten, welche am häufigsten zu Halluzinationen oder zu einem Wahn mit religiösen Inhalten führen, sind die Psychosen, wie zum Beispiel die Schizophrenie.

[168] Michael von Brück. Was ist Wahrheit? Zum Begriff der Wahrheit in europäischen und indischen Traditionen. Aufsatz publiziert im Internet unter : http://www.tibet.de/tib/tibu/2007/tibu84/von_brueck_was_ist_wahrheit.html, abgerufen am 13.3.2013

[169] „Da verhüllte Mose sein Gesicht; denn er fürchtete sich, Gott anzuschauen." 2. Mose 3, 6. Einheitsübersetzung der Heiligen Schrift, Katholische Bibelanstalt, Stuttgart 1980.

[170] Hiob 42, 5. Einheitsübersetzung der Heiligen Schrift, Katholische Bibelanstalt, Stuttgart 1980.

[171] Hiob 42, 6. Einheitsübersetzung der Heiligen Schrift, Katholische Bibelanstalt, Stuttgart 1980.

[172] Henri Le Saux. Die Spiritualität der Upanishaden. Eugen Diederichs Verlag, München 1994.

[173] Madeleine Delbrêl (1904–1964) wird „Mystikerin der Strasse" genannt. Sie beschreibt eine Erfahrung am Ende eines sehr schmerzhaften Prozesses wie folgt: „Eine heftige Umkehr, die Begegnung mit dem lebendigen Gott, die Erfahrung einer Liebe, die nicht mehr zur Wahl stand, ein überwältigendes Hingerissensein zu Gott.." Vor dem schmerzhaften Prozess, der dieser Erfahrung vorausging, war sie eine überzeugte Atheistin. Zitiert aus: M. Delbrêl. *Gott einen Ort sichern*. Verlagsgemeinschaft topos plus, Kevelaer 2013.

[174] Simone Weil. Zeugnis für das Gute. Benziger Verlag, Zürich und Düsseldorf, 1998, S. 104–125 (Brief an Pater Perrin)

[175] Ruben L. F. Habito. Living Zen, Loving God. Wisdom Publications, Boston 2004.

[176] Gangaji. Der Diamant in deiner Tasche. Goldmann Verlag, 2006,

[177] Eckhart Tolle. Jetzt! Die Kraft der Gegenwart. Kamphausen Verlag, 2000.

[178] Willigis Jäger. Jenseits von Gott. Verlag Wege der Mystik, 2012.

[179] Simone Weil. Zeugnis für das Gute. Benziger Verlag, Zürich und Düsseldorf 1998, S. 111.

[180] Eine Zusammenfassung dieser Beschreibungen in verschiedenen Kulturen und Religionen findet sich z. B. bei A.

Huxley *The Perennial Philosophy*, Chatto & Windus Ltd., London, oder in den Kommentaren von Mahdev Desai in *The Gospel of Selfless Action or The Gita according to Gandhi*, Dry Bones Press, Inc. Roseville, CA.

[181] Das ist vielleicht auch gemeint, wenn Jesus zu Nikodemus sagt: „Der Wind weht, wo er will; du hörst sein Brausen, weißt aber nicht, woher er kommt und wohin er geht. So ist es mit jedem, der aus dem Geist geboren ist." Johannesevangelium 3, 8. Einheitsübersetzung der Heiligen Schrift, Katholische Bibelanstalt, Stuttgart 1980.

[182] Beginnend mit den Veden und der jüdischen Religion, über den Buddhismus, Taoismus, das Christentum, den Islam, bis zu den Mormonen und dem *Kurs in Wundern*.

[183] In seinem Buch *Der Sinn des Lebens* sieht Terry Eagleton in der Liebe die (einzige) Möglichkeit, unser für die Menschenart spezifisches Streben nach eigener Erfüllung als Individuen mit der Tatsache zu versöhnen, dass die Menschen nur als soziale Wesen existieren können. T. Eagleton. Der Sinn des Lebens. List Taschenbuch, 2011, S. 139.

Der Dalai Lama sagt in seinem Vorwort zum Buch *Peace is every step* von Thich Nhat Hanh: „Auch wenn der Versuch schwierig sein mag, den Weltfrieden durch die innere Wandlung der einzelnen Menschen herbeizuführen, ist er der einzige Weg."

[184] Henri Le Saux. Die Spiritualität der Upanishaden. Eugen Diederichs Verlag, 1994, S. 30.